KB209432

초조한 도시, 두 번째
이영준

워크룸 프레스

후속판 서문

초조한 도시, 그 후: 여전히 초조한 도시를 위하여

『초조한 도시』를 낸 지 13년이 지났다. 후속판을 내게 되니까 그간 무슨 일들이 있었고 어떤 것이 달라졌는지 되돌아보게 된다. 갖가지 역사적인 일들이 일어났으나 나에게 직접 영향을 준 것은 빛의 변화였다. 여기서 『초조한 도시』 초판에서는 밝히지 않은, 그 책을 내게 된 진짜 동기에 대해 얘기해야겠다. 『초조한 도시』에 실린 사진들을 찍은 가장 큰 계기는 대한민국 도시의 발전사를 사진으로 요약해 보겠다는 역사학자 같은 태도는 아니었고 도시를 모티프로 해서 뭔가 작품을 남겨 보자는 예술적인 의도는 더더욱 아니었다.

　　나에게 가장 중요한 것은 빛이었다. 나는 언제부턴가 망막에 쏟아지는 밝은 빛을 보면 견딜 수 없게 흥분되는 일이 잦아졌다. 이를 일단 '빛 충동'이라고 부르자. 인상파 화가들도 빛 충동을 앓았던 것 같다. 유럽은 한국보다 공기가 맑아서 한번 햇살이 비치기 시작하면 살갗을 파고들 만큼 강력하다. 엑스선이나 감마선이 피부를 뚫고 들어올 수 있다고 하는데 유럽의 태양 빛도 피부를 뚫고 들어오지 않을까 싶을 정도로 강렬하다. 그런 빛이 건축물에 떨어지면 건축물을 이루는 돌들은 살아 있는 생물처럼 눈을 번쩍 뜨고 빛을 되쏘며 빛난다. 달이 태양 빛을 받아 검은 하늘을 배경으로 밝게 빛나는 것도 같은 이치다. 돌과 흙밖에 없는 달의 표면이 그렇게 밝게 빛나는 이유는 돌이나 흙이 빛만 받으면 살아나는 기이한 생물체이기 때문이다. 모네는 그런 순간을 잡은 것이다. 모네뿐 아니라 점묘파로 유명한 쇠라도, 따가운 햇빛을 가리기 위해 양산을 쓴 여인을 그린 르누아르도 다 강렬한 빛에 반응한 빛 성애자들이다.

　　빛에 대한 흥분, 빛에 의한 흥분을 캔버스에 풀어 놓은 그들과 달리, 캔버스를 가지고 있지 않은 나는 들이마신 빛을 다시 내놓을 곳이 없었다. 그래서 내가 빛을 담아낼 그릇으로 삼은 것은 카메라였다. 매연으로 항상 하늘이 뿌연 한국의 도시에서는 모네의 루앙 성당을 비춘 것과 같은 쨍한 햇빛은 찾아보기 어렵다. 내

5

가 도시를 제대로 찍어 보자고 비싼 렌즈를 들고 한강 변에 처음 출사를 나간 2007년 4월의 하늘도 우중충했다. 그래도 당시에는 몇 주 기다리면 쨍한 햇빛이 나곤 했다. 그럴 때면 전에 앓던 빛 충동이 다시 도져서 카메라를 들고 나가지 않고는 배길 수 없었다. 나는 금세 사라져 버릴 빛을 조금이라도 더 오래 보기 위해 카메라에 담아 뒀다. 아름다운 건물이라고는 거의 없는 서울에서도 좋은 빛만 있으면 건물들은 평소의 우중충한 모습을 벗고 새로운 존재감을 가지고 다시 태어난다. 난 그렇게 건물들이, 도시가 다시 태어나는 순간을 잡고 싶었다. 나에게 카메라는 빛 충동을 해소해 주는 위안제 같은 것이었다. 사실 카메라는 빛을 담아 두는 도구가 아니라 빛에 대한 기억을 담아 두는 도구였다. 왜냐면 눈으로 본 그 찬란한 빛은 사진에는 나타나지 않으니 말이다.

『초조한 도시』가 나온 2010년 이후로 서울에서 가장 크게 변한 것은 빛이었다. 모든 사람에게 고통을 주는 미세먼지가 심해져서 2010년 이후로는 좋은 빛을 보기가 어려워졌다. 『초조한 도시』 서문에서 썼듯, 망원렌즈를 써서 멀리 있는 건축물들의 원근감을 압축시켜 도시의 풍경을 바꿔 버려 도시의 초조함을 견뎌 왔던 나에게는 멀리 있는 사물도 명징하게 보여 주는 맑은 빛은 정말 중요했다. 미세먼지 문제는 수많은 신문과 방송을 통해 누구나 심각하게 느끼는 것이고 정치인들은 이에 대한 대책 마련에 고심하고 있으나 그것을 가장 실존적으로 느낀 사람은 나였다. 2007년 무렵만 해도 매일같이 하늘을 보고 있으면 한 달에 몇 번 정도는 사진을 찍을 만큼 공기가 맑아서 자주 사진을 찍으러 나갔었다. 그래서 마음만 먹으면 조금만 기다려서 원하는 사진을 찍을 수 있었다. 그러나 2010년이 지나면서 그런 날이 점점 줄어들기 시작했고 나는 미세먼지 문제의 심각성을 느꼈다. 사람들이 호들갑을 떨며 마스크를 사서 착용하고 다니기 시작한 것은 그 한참 후였다. 나는 매일같이 하늘을 보면서 한강 이쪽에서 1.3킬로미터 떨어진 저쪽의 건물이 사진 찍을 만큼 선명하게 보이는지, 더 나아가서 의왕에서 직선거리로 32킬로미터 떨어진 북한산이 명징하게 보이는지 살피며 살았기 때문에 대기의 질에 대해서는 누구보다도 민감했다.

대기의 질은 나빠졌지만 박원순 시장 체제의 서

울은 다이내믹했다. 2007년에서 2017년 사이의 변화를 비교해 보면 경제 활동 참가율은 남자가 74.7퍼센트에서 72.9퍼센트로 2퍼센트 정도 빠졌으나 여자의 참가율은 51.7퍼센트에서 54.4퍼센트로 상승했고 남자의 고용률이 조금 내려간 반면 여자의 고용률은 역시 2퍼센트 정도 올랐다. 인구는 남녀 다 소폭 줄었으나 외국인 인구는 남녀 다 소폭 늘었다. 15세-29세 사이의 청년고용지표와 취업자 수는 다 줄었으나 65세 이상의 고용지표와 취업자 수는 늘었다. 한마디로 서울은 늙은 도시가 된 것이다. 식료품, 주류, 의복, 교통비 등 거의 모든 부문에서 소비자물가지수는 올랐고 차량 통행 속도는 시속 1킬로미터 정도 조금 올랐다. 지하철의 혼잡도는 2007년 151에서 2015년 152로 조금 올랐다. 아마도 서울시 통계에서 가장 급격한 변화를 보인 것이 항공운송인 것 같다. 김포공항만 해도 2007년 120만 명이던 국내선 여객이 2017년 200만 명으로 늘고, 160만 명이던 국제선 승객은 420만 명으로 폭발적으로 늘어난다. 결국 답답하고 초조한 땅을 벗어나 탁 트인 하늘길을 택하기로 한 것이다. 오염 물질 배출 시설은 1,049개에서 2,158개로 두 배나 늘어난다. 아마 이것도 미세먼지의 원인 중 하나가 아닐까? 공연장은 178개에서 389개로 대폭 늘어난다. 공기의 질은 나빠진 반면 문화의 질은 대폭 좋아졌다. 물론 공연장이 늘어났다고 좋은 공연이 많아진 것은 아니지만 시민들이 문화생활을 누릴 기회는 늘어난 것으로 볼 수 있다.

그 와중에 도시에 대한 담론 중 가장 많이 거론되는 것이 젠트리피케이션과 도시 재생의 문제인 것 같다. 서울이라는 도시는 문어가 수많은 발을 수시로 뻗치듯이 젠트리피케이션이라는 촉수가 수시로 여기저기를 탐색하며 뻗을 곳을 찾는다. 그 촉수가 닿아서 연인들을 유혹하는 예쁜 가게들이 많이 생기고 임대료가 대폭 오르고 거리는 관광객으로 넘쳐난 곳이 가로수길, 세로수길, 경리단길, 북촌, 서촌, 연트럴파크, 성수 등의 지역이다. 그런데 그 촉수는 진득하지가 않아서 한 지역의 단물을 빨아먹어서 말라 죽게 만든 후 재빨리 다른 곳으로 이동한다. 그 사이클은 점점 빨라져서 경리단길은 벌써 한물간 지 오래다. 서울에서 최초로 휘황한 불빛을 자랑하던 곳은 1980년대 초에 형성된 방배동 카페거리였다. 1990

년대 압구정동 로데오거리가 뜨기도 전이었다. 생전 처음 휘황찬란한 간판들의 대행진을 본 나는 어안이 벙벙해지며 이제 내가 다른 세상에 살게 됐구나 하고 느꼈다. 방배동이 '카페골목'이라는 칭호를 받은 첫 지역이었던 것 같다. 그 거리를 메운 것은 지금 보면 이름도 촌스러운 아마데우스, 제임스딘, 휘가로, 보디가드 등의 카페들이었다. 지금 그 거리는 언제 그랬냐는 듯 평범한 가게들만 가득찬 이름 없는 거리가 되고 말았다. 결국 서울이라는 도시는 빨리 살아나고 빨리 죽는 수명이 짧은 수많은 작은 생명체들로 이뤄진 괴물인 것 같다. 가로수길이 처음 뜨던 21세기 초반만 해도 정말로 가로수가 운치 있게 심어져 있고 작고 예쁜 가게들과 카페들이 있어서 분위기가 참 좋았다. 서울에 이런 곳이 있었나 하는 신기한 마음으로 걷곤 했었다. 지금의 가로수길은 가게들이 텅 빈 유령 거리가 되고 말았다. 또 다른 젠트리피케이션의 희생이 된 것이다. 이렇게 도시의 조각들이 초신성처럼 마지막 빛을 발하며 폭발하여 노쇠한 꼴이 되어 가는 사이클이 점점 빨라지자 낡은 도시를 살려 내자는 도시 재생에 대한 담론과 실천이 활발해졌다.

그와 때를 같이 하여 서울의 역사성을 되새겨 보는 수많은 좋은 책들이 나왔다. 서울시 공무원으로 오래 일하면서 도시 계획을 담당했던 손정목이 실무를 바탕으로 풍부한 얘기를 풀어낸 『서울 도시계획 이야기』(전 5권)는 서울에 대한 가장 생생한 역사적 증언을 담고 있다. 잠실 아파트 단지는 왜 생겼는지, 왜 능동에 어린이대공원이 생겼는지, 롯데호텔은 왜 시청 앞에 생길 수 있었는지 하는 사정들을 마치 '지금은 말할 수 있다' 식으로 정치권력과 도시 개발이 뒤얽힌 추잡하고 흥미진진한 스릴러 영화처럼 엮어 내어, 읽기가 무척 재미있는 책이다. 임동근과 김종배가 같이 쓴 『메트로폴리스 서울의 탄생: 서울의 삶을 만들어낸 권력, 자본, 제도, 그리고 욕망들』도 서울이라는 도시가 형성되는 과정을 좀 더 이론적으로 치밀하게 풀어내고 있다. 박해천의 『콘크리트 유토피아』는 도시의 정치경제학을 건축물과 도시 구조를 통해 풀어내는 이론적 작업이면서 비평서이기도 하다. 또한 데이비드 하비의 『반란의 도시』같이 도시에서 벌어지는 자본의 횡포에 대해 신랄하게 쓴 책도 번역 소개됐다. 이런 책들 덕에, 도시에 대한 평론가의 실존적 반응의 산물인 『초조한 도시』와는 비교도 안 될 정도로 도시에 대한 심도 있는 연구를 바탕으로 한 이론적 담론이 풍부해졌다.

그러나 『초조한 도시』의 관점에서 가장 큰 변화는 2016년 12월 롯데타워의 완공이다. 높이 555미터의 이 빌딩은 서울의 도시 경관을 근본적으로 바꿔 놓았다. 롯데타워는 자본을 독점한 재벌 기업이 마침내는 도시 경관마저 독점해 버렸다는 중요한 의미를 지닌다. 이 빌딩이 생기기 전까지 서울에서 가장 높은 빌딩은 여의도에 있는 63빌딩이었다. 1985년에 완공된 높이 249미터의 이 빌딩도 꽤 오랫동안 경관과 시선을 독점해 왔다. 여의도를 중심으로 반경 2킬로미터 안에서는 다 63빌딩이 보였으니 그것은 도시를 보는 아주 높이 달린 큰 눈 같았다. 실제로 이 빌딩의 전망대에 올라가면 서울의 거의 전체가 보일 정도로 조망력은 강력한 것이었다. 그것은 아주 강력한 감제고지(瞰制高地: 작전 지역을 다 장악하듯 훑어볼 수 있는 전술상 유리한 고지)였다. 63빌딩 옥상에 대공포가 설치된 것도 우연은 아닌 것이다.

63빌딩보다 대폭 높은 롯데타워는 더 강력한 감제고지다. 오죽했으면 성남비행장으로 착륙 접근하는 군용기들이 충돌할 가능성마저 제기됐을까. 이제 555미터의 롯데타워는 N서울타워를 포함한 남산 전체의 높이(479미터)도 훌쩍 뛰어넘었다. 높이 338미터의 인왕산은 훨씬 가볍게 뛰어넘었다. 조선시대에는 호랑이가 나왔다고 하고 국보로 지정된 겸재 정선의 「인왕제색도」에 나오는 장엄하고 신비하기만 한 인왕산은 롯데타워에 압도되어 초라한 돌덩이처럼 보일 뿐이다. 이제 빌딩들은 나의 심리적 저지선에 근접하고 있다. 그것은 서울에서 제일 높은 산인 북한산의 높이 836미터이다. 두바이의 부르즈 할리파는 828미터로 이제 북한산의 높이에 바싹 근접해 있다. 분명히 서울에서도 누군가 부르즈 할리파를 뛰어넘는 세계에서 제일 높은 빌딩을 계획하고 있을 것이다.

빌딩의 높이는 곧 시선의 독점을 의미한다. 서울에서 롯데타워를 안 보는 것은 불가능하다. 강북에서는 중곡동과 옥수동, 강남에서는 강남 일대 전체, 롯데의 앞마당인 송파구는 물론이고 남한산성에서도 롯데타워를 안 보기가 힘들다. 소설가 모파상이 에펠탑에 있는 식당에서 식사를 즐긴 이유를 '파리에서 유일하게 에펠탑을 안 볼 수 있는 곳'이라고 했다는데 롯데타워를 안 보려면 그 안에 들어가는 수밖에 없다. 롯데타워는 기존의 빽빽한 빌딩들 위로 군계일학처럼 솟아 있어서 기존의 도시 밀도를 가볍게 제치고 새로운 밀도의 모델을 제시하는 것 같다. 감제고지를 점령하기 위해 집중사격을 해대는 공격군처럼 나는 롯데타워가 보이는 곳은 다 찾아다니며 사방에서 고지를 향해 사진 찍었다. 롯데타워는 아마추어 사진가들에게도 인기 있는 대상이다. 아마추어 사진가들이 대체로 롯데타워 근처에서 광각 렌즈를 써서 허리가 아플 정도로 고개를 뒤로 제껴야 볼 수 있는 빌딩 전체를 찍었다면, 나는 롯데타워가 기존 빌딩들의 밀도를 가볍게 압도하고 있는 모습을 찍기 위해 최대한 멀리 갔다. 망원렌즈를 이용해서 롯데타워가 기존의 빌딩들을 허리춤 아래에 두르고 있는 듯한 모습을 찍기 위해 롯데타워 중심으로 360도를 다녔다. 그 결과 기존 빌딩들의 평균 높이 대비 롯데타워의 높이를 가능한 한 객관적으로 볼 수 있는 사진들이 나왔다.

이번 후속판에 추가로 실린 사진들은 대체로 롯데타워 사진들의 동생들이라 할 수 있다. 사진들의 주제는『초조한 도시』초판에서와 마찬가지로 도시의 밀도와 기호의 제국이지만 후속판은 그것들이 변해 가는 양상을 담고 있다는 점이 크게 다르다. 즉 초판이 도시의 밀도와 기호를 책 한 권이라는 시점에서 보고 있다면 후속판은 2010년 이후 변화의 그래프를 사진으로 담고 있다는 점이 다르다. 결국 형과 동생을 비교하듯이 초판과 후속판은 10여 년의 간격을 두고 도시의 변화를 따라가 봤다. 초판에 실린 장소들을 다시 찾아가서 찍은 것들도 있는데 서울과 주변 도시들은 당연히 엄청난 변화를 보여 주고 있다. 사진 찍었던 대상이 아예 사라진 곳도 많았고 밀도가 더 높아진 곳도 많았다. 압구정동에서 본 북한산이 대표적인 예이다. 정확히 10년의 간격을 두고 찍은 두 사진은 밀도와 고도의 차이를 정확히 보여 준다. 처음 찍은 북한산 사진에 이미 10년 후의 모습이 담겨 있었는데, 산을 채운 달동네 주택들은 바로 옆에 건설되고 있던 아파트 단지에 곧 집어삼켜질 것이 분명했고 10년 후의 사진은 그런 사실을 증명할 뿐이다. 사실 한국의 도시에서 경관이 사라지는 데 10

10

년씩 걸리지도 않는다. 초판에 사진 찍은 대부분의 장소들이 불과 몇 개월 후에 모습이 바뀌었다. 어떤 곳은 바로 코앞에 벽이 생겨 버려 사진이고 뭐고 불가능한 곳도 있었다.

그래서 도시의 밀도 문제는 속도의 문제로 바뀐다. 더 이상 어떤 장소의 밀도가 얼마나 되느냐가 문제가 아니라 그 밀도가 얼마나 빨리 바뀌느냐가 문제인 것이다. 지난 10년간 서울의 인구가 줄었고, 교통량이나 평균 통행 속도 등 대부분의 통계가 주목할 만한 변화치를 보이지 않음에도 서울이 더 혼잡한 도시가 된 것처럼 느껴지는 것은 도시를 이루는 인프라의 밀도가 높아졌기 때문인 것 같다. 끊임없이 새로 지어지는 아파트들, 기존의 도로가 포화 상태인데 그 옆에 계속 지어지는 고층 빌딩들, 늘어나는 자동차들 (자동차 등록 대수는 2007년 287만 대에서 2018년 316만대로 증가) 때문에 도시의 밀도가 증가하는 듯이 보이는 것이 아닌가 싶다. 경관만 놓고 보면 서울에서 북한산, 도봉산, 관악산 등 주요한 산들이 점점 아파트에 둘러싸여 그 모습을 보기가 힘들어졌다는 것은 분명히 도시의 밀도가 증가하고 있음을 말해 준다. 어릴 적 북한산을 바로 뒤에 두고 정릉에 살았던 나는 단 하루도 북한산을 보지 않은 날이 없었는데, 나의 성장사는 점점 많아지는 아파트로 인해 북한산이 점점 안 보이게 된 역사였다.

서울의 밀도가 변해 가는 양상이 하도 정신없어서 결국 초조한 도시는 다이내믹한 도시가 된다. 사실 도시는 원래부터 다이내믹한 현상이었다. 폴 비릴리오가 『속도와 정치』에서 현대의 권력은 속도의 통제를 통해서 행사된다고 하면서 도시가 발달하는 양상에 대해 기술했는데, 그가 주안점을 둔 것은 도시가 어떻게 더 빠른 속도를 가능케 하면서 동시에 그 속도를 통제하는 장치들로 가득 차게 됐는가 하는 것이다. 그런 사정은 한국의 도시라고 해서 예외가 아니다. 이미 1960년대 말 서울시장 김현옥은 "도시는 선이다"라는 유명한 말을 남겼는데 선은 쭉 곧게 난 길을 따라 자동차가 달릴 수 있는 선 내지는 운동의 궤적을 의미하는 것이었다. 그 후로 도시에는 엄청난 벡터들이 가득 차게 됐다. 벡터는 방향을 가진 힘이다. 도시에는 수많은 벡터들이 충돌하고 있다. 도시의 근간을 이루는 도로망, 그 위에 그어진 차선과 길 안내 표지, 과속 방지턱, 과속 단속 카메라, 버스 중앙차로, 횡단보도 표지, 차도와 보도 사이의 턱 등의 온갖 시설들은 벡터를 특정한 방향으로 몰면서 동시에 적절히 통제해 주는 장치들이다.

　　도로가 대체로 도시의 수평축을 이루고 있다면 도시의 수직축을 이루는 것은 나날이 높아져 가는 건물들이다. 이 건물들은 땅에 굳게 뿌리를 박고 있는 것 같지만 연직선을 향한 도시의 벡터량이 전 세계에서 가장 치열하게 상승하고 있는 한국에서는 건물이라고 영원하지 않다. 문화재여야 할 광화문은 일제강점기부터 숱하게 허물고 옮겨 짓기를 반복하여 현재의 자리에 오게 됐고, 김수근이나 김중업 같은 유명 건축가가 지은 건축물들도 수명이 다하면 철거되고 만다. 아파트는 지은 지 20여 년이 지나면 재건축되어 새로운 건물로 바뀌고 만다. 이런 와중에서는 건물들도 고정된 물건이 아니라 끊임없이 이동하고 유동하는 벡터를 가진다. 한국의 도시에서는 건물을 완성된 어떤 것으로 봐선 안 되고 언젠가는 허물어지고 다른 건물로 대체될 잠재태로, 혹은 끊임없는 천이(遷移) 상태에 있는 유동적인 것으로 봐야 한다. 따라서 이 책에 나오는 건물들은 고정된 물체가 아니라 유동체, 혹은 허깨비로 봐야 한다. 『초조한 도시』에 수록된 건물들이 많이 사라지고 바뀐 것이 그 증거다. '초조한 도시'라는 제목은 '유동의 도시'로 바꿔야 할 것 같다.

　　만일 이 책을 발터 벤야민에게 보여 준다면 뭐라고 했을까. 아마 폐허라고 말할 것 같다. 그가 근대성의 폐허에 대해 얘기했을 때 그것은 근대가 망해서 앞으로 폐허가 될 거라는 뜻이 아니다. 마르크스주의자였던 벤야민은 근대를 이끌어 온 자본주의가 근대의 찬란한 성과물—아케이드, 패션, 실내장식 등—들 속에 이미 상품물신성으로 곪아 있음을 알았고, 그것들이 눈부시게 빛날 때 우울한 시선으로 바라봤다. 벤야민의 멜랑콜리는 세상이 좋아졌다고 다들 기뻐 날뛸 때 바로 그 속에서 파멸의 모습을 본 자의 우울이다. 그것은 세상에 활기를 부여하여 살맛나게 하는 이 세상의 모든 긍정성을 부정해 버리는 강력한 부정의 시선이다. 벤야민이 부르주아지의 기념비라고 말한 것을 오늘날 한국의 도시 구조물들에 대입해도 크게 틀리지 않는다. "변증법적 사고는 역사적 각성의 기관이다. 모든 시대는 그 이후에 올 시대를 꿈꿀 뿐 아니라, 꿈속에서 그 각성을 재촉한다. 모든 시대는 그 자체 안에 이미 목적을 품고 있으며—헤겔이 이미 말한 대로—이성의 꾀에 의해 전개된다. 시장경제가 불안해짐에 따라, 우리는 부르주아지의 기념비들이 무너지기도 전에 폐허임을 알아채기 시작한다."❶

우리는 폐허 위에 살고 있다. 그렇다고 비참한 기분으로 살지는 않는다. 우리는 도시를 소비하기도 하지만 생산하기도 한다. 그러므로 폐허는 계속 새로운 생명으로 다시 태어난다. 꼭 거창한 건축물이나 토목 구조물을 세워야 도시가 다시 태어나는 것은 아니다. 우리가 일상을 살면서 도시의 구석구석에 써서 채워 가는 작은 의미—추억, 흔적, 행위, 정보—들을 통해 도시는 의미 있는 공간으로 다시 태어난다. 그러니 초조한 도시라는 제목을 지울 때도 된 것 같다.❷

❶ Walter Benjamin, *The Arcades Project*, ed. Rolf Tiedemann (Cambridge, MA: Belknap Press, 1999), 13.
❷『초조한 도시』초판과 이번 후속판의 가장 큰 차이는 추가된 사진들이다. 사진들은 다양한 이유로 추가됐다. 풍경이 변해서, 새로운 건물이 생겨서, 같은 건물도 새로운 다른 각도를 발견해서, 혹은 어쩌다 미세먼지가 걷히고 빛이 좋아서 찍은 사진들이 추가됐다. 초판의 사진과 후속판의 사진을 구별하는 아주 간단한 방법이 있다. 찍은 연도가 2010년 이전이면 초판에 실렸던 사진이며 그 후의 것은 이번에 새로 실리는 것이다.

초판 서문

사라진 충격과 남는 충격

국립중앙박물관 불교조각실에 가면 반가사유상이 있다.❶ 한 전시실에 여러 유물들과 같이 전시된 다른 불상들과는 달리 반가사유상은 독립된 방에 따로 모셔져 있다. 그 방의 입구에는 속진에 물든 관람객의 시선이 반가사유상의 고요를 해치지 않도록 차단하는 벽이 세워져 있고, 관람객은 그 벽을 돌아서 반가사유상이 홀로 모셔져 있는 방에 들어서게 된다. 조명이 어둑하게 켜진 그 방에 들어선 순간 나는 털썩 주저앉고 말았다. 실제의 중량이나 표현에서 무거운 느낌을 주는 다른 불상과는 달리, 반가사유상은 날씬한 팔다리에다 가볍게 앉아 있는 모습이 결코 둔중하지 않다. 그러나 거기에서 조금씩 배어나는 사유의 혼은 방을 가득 채우고 나의 눈과 머리와 가슴으로 소리 없이 스며든다. 전혀 강렬할 것이 없는데 사람을 사로잡는 힘이 있는 불상이다.

아마 그걸 보고 나처럼 주저앉은 사람이 많은 모양인지 마침 그 자리에 의자가 있었다. 나는 그곳에 앉아 반가사유상에 대해 사유했다. 그것은 흡사 강도 7.8의 대지진이 일어났지만 겉으로는 아무런 진동도 없었던 것 같은 느낌이었다. 나는 시작도 끝도 없는 그 사유 속에서 생각도 언어도 잊어버렸다. 크지도 않고 화려하지도 않은 반가사유상이 어떻게 이렇게 사람을 사로잡을 수 있는지 궁금하고 신비스럽기만 할 따름이었다.

그 최초의 충격이 하도 강렬해서 하루는 날 잡아서 반가사유상만 보러 국립중앙박물관에 갔다. 최초의 충격을 생생하게 기억하고 있던 나는 그 충격을 다시 맞을 생각에 기대로 가득 차 있었다. 그러나 충격은 없었다. 당연하게도, 그게 반가사유상을 만난 최초가 아니었기 때문이다. 최초의 충격이란 최초의 만남에서만 오는 것이다. 그리고, 최초란 반복될 수 없는 사건이다. 하지만 국립

❶ 2024년 현재 국립중앙박물관 '사유의 방'에 반가사유상 두 기가 모셔져 있으나 초판이 나온 2010년에는 한 기만 독립된 방에 안치되어 있었다.

중앙박물관이 있는 한 반가사유상은 그 자리에 있을 것이므로 나는 언제나 그를 다시 만날 수 있다.

두 번째의 만남에서 최초의 충격은 없었지만 한 시간 남짓 앉아 있는 동안 세상 사람들이 반가사유상을 대하는 시선을 읽을 수 있었다. 반응은 다양하지만 관람객들은 공통적으로 반가사유상의 사유의 무게와 깊이를 느끼는 것 같았다. 반가사유상은 눈을 감은 형상이지만 상 전체에서 그윽하면서도 강렬한 시선을 내뿜고 있었고, 관람객은 누구나 그 시선에 응대한다. 나는 뒤쪽의 의자에 앉아 있었으므로 다른 관람객들의 시선을 직접 볼 수는 없지만 느낄 수는 있었다. 최초의 충격 다음에 오는 반가사유상의 체험은 공간을 가득 채우고 있는 시선의 교차였다. 천 년 이상의 시대를 뛰어넘어 옛 조각상과 오늘날 인물 사이의 시선의 교차, 그리고 감상의 말들이 반가사유상에 대한 오늘날 체험의 요소들이다. 그것은 그윽함과 비속함 사이를 널뛰듯 오가는 극도의 진동(oscillation)이었다. 그리고 밀도와 농도가 지극히 높은 아우라였다.

오늘날 우리가 도시에서 보는 사물들을 천 년 후에 누군가 봤을 때 이런 충격을 느낄 수 있을까? 즉 아우라가 있으면서도 강렬한 충격으로 다가오는 그런 체험이 가능할까? 무엇보다 천 년 후에 지금의 우리 도시가 남아 있기는 할까? 그것부터가 의문이다. 서울과 인근 도시의 건축물들을 사진 찍으러 돌아다녀 보면 몇 달 후에 사라지는 것들이 참 많다. 건물 자체가 사라지는 경우도 많았고, 계속되는 재건축과 개조, 설치와 철거 등으로 전에 봤던 장면이 사라지는 경우도 많았다. 한국은 '영원한 제국'이 아닌 것이다.

또한, 한국의 도시는 지금 충격의 장소들이다. 도시는 충격으로 가득 차 있다. 그 충격은 날이 갈수록 강도와 깊이가 더해 간다. 지금으로부터 천 년 전에 컴퓨터나 자동차 같은 것을 상상도 하지 못했듯이, 아마도 천 년 후면 지금으로서는 상상도 할 수 없는 양상의 충격들이 있을 것이다. 예를 들면 시끄러운 음악으로도 모자라 뇌파에 직접 청각적 자극을 주어 즐긴다거나, 롯데월드의 자이로드롭도 약하게 느껴질 만큼 더욱 강하고 빠르게 떨어지는 놀이 기구가 나올지도 모른다. 그런 식의 물리적이고 감각적인 충격이 넘치는 세상에서, 반가사

16

유상을 보았을 때의 정신적인 충격 같은 것은 기대하기 힘들 것이다.

그때가 되면 충격으로 손상된 신체와 감각을 어떻게 치유하고 보존할 것인가가 오히려 문제가 될 것이다. 거기에는 우리들 인간 자신의 신체의 손상도 문제가 되지만 도시를 이루는 구조물들의 손상도 포함된다. 남대문이 불탔을 때 많은 사람들이 슬퍼했듯이, 건축물이 손상되면 사람들의 마음도 손상된다. 『되살아나는 도시: 어떻게 현대 도시는 재난에서 회복하는가』(The Resilient City: How Modern Cities Recover from Disaster, 2005)의 편집자들은 서문에서 오늘날 서울에 딱 해당하는 말을 쓰고 있다.

> 상가와 집과 사무실이 갑자기 예기치 않게 사라졌을 때, 우리는 새로운 물질적 구조를 만드는 일만이 아니라 찢어져 버린 문화의 조직들과 상처 입은 마음을 고쳐 주는 작업도 필요하다. 그래서 도시가 대규모의 재난을 겪은 후에 진흙과 벽돌로 다시 세우는 것과, 말과 이미지를 가지고 문화적 환경을 다시 세우는 것 사이에 어떤 관계가 있지 않을까 하고 생각하게 되는 것이다. 그것은 '재건설'(reconstruction)을 '다시 만들기'(remaking)와 '다시 말하기'(retelling)의 두 가지 의미로 보는 것이다.

물론 이 책에서 말하는 것 같은 지진이나 대규모 테러 같은 재난은 서울에서 일어난 적이 없다. 그러나 서울이라는 도시에서 건물과 사람들이 사라지는 속도와 양상은 가히 재난급이다. 이 책 『초조한 도시』의 사진에 나오는 건물과 광경 중 상당수는 그 사진을 찍은 지 몇 달 후에 사라진 것들이 많다. 아마 한국전쟁 때 서울이 파괴되고 사라진 속도와 양상보다 1970년대에서 2000년대를 거쳐 오면서 변하고 사라진 정도가 훨씬 크고 많지 않을까 싶다.

한국에서의 도시 변화의 속도와 양상을 재난급이라고 하는 이유는 변화의 속도와 양상이 사람들이 오랜 세월 살면서 쌓아 온 삶의 직조와 기억과 습관을 한순간에 없애 버리기 때문이다. 그리고 그 요인도 하나가 아니라 아주 많고 다양하다. 예를 들어 을지로의 국도극장은 일제강점기에 지어진 멋진 건물로서 내부가 대리석으로 장식되어 있고 나름 고졸한 분위기를 풍기는 것이었는데, 사적지로 정해지기 직전에 건물주가 헐어 버렸다. 사적지가 되면 재산권을 행사할 수 없기 때문이다. 충무로의 스카라 극장도 같은 이유로 허물어져 버렸다. 이것을 재난이라고 부른다면 그것을 일으킨 주체는 사적지라는 공공재산과 사유재산권 사이의 갈등이라고 할 수 있을까.

이런 재난은 아마도 기억의 재난이라고 할 수 있을 것이다. 모든 것이 빨리 사라지는 한국의 도시에서는 기억의 재난에 대한 사후 대책이 필요하다. 건물과 사람과 기억 등 모든 것들을 폭력적으로 밀어낸 후 그 빈자리의 공허를 메워 줄 어떤 의식(儀式)이 필요하다. 오늘날 그 의식은 '사진 찍기'이다. 설령 옛날에 사진기가 있었더라도 과거에는 거리의 건물들을 사진으로 찍을 필요가 없었을 것이다. 왜냐하면 세상이 바로바로 사진으로 찍어서 남겨 놔야 할 만큼 빨리 변하지 않았기 때문이다. 땅이 꺼지고 빌딩이 솟아나는 영화에서처럼 도시가 급격히 변화를 겪는 오늘날에는 사진 찍기라는 의식이 없다면 도시의 기억을 보존할 길도 없을 것이다.

얼마 전부터 일기 시작한 근대에 대한 관심은 결국 기억에 대한 관심이다. 21세기 들어 근대가 사라지기 시작하자 근대에 대한 관심들이 일기 시작한 것이다. 그 결과로 근대에 대한 여러 가지 책들이 나오는데, 내용을 보면 크게 1) 서구 역사학과 철학에서의 근대에 대한 비판과 성찰, 2) 한국과 아시아의 근대성에 대한 성찰, 3) 한국의 근대 공간에 대한 재발견과 성찰로 나눌 수 있을 것 같다. 그래서 낡은 아파트를 찾아다니며 독특한 공간을 관찰하고 기록도 하며, 군산이나 강경에 있는 일제강점기 적산가옥도 찾아다니는 것이다. 하지만 그런 건물들을 보존하려는 별도의 대책이나 정책이 없는 한 그런 건물들은 곧 다 사라질 것이다. 우리가 근대의 도시와 건축을 되돌아보는 이유는 길거리에서 직접 접할 수 있는 유일한 과거이기 때문일 것이다. 근대에 대한 재발견과 기록에는 과거에 대한 향수와 동경이 어느 정도 들어 있다. 그래서 사람들은 막 사라지는 근대의 꼬리 끝을 안타까운 심정으로 붙잡기 위해 옛 건물이 남아 있는 골목이나 지방 도시를 찾아다닌다.

그러나 여기에서 제안하려는 것은, 굳이 기록이나 보존을 위해 옛날 것에만 집착할 필요가 없다는 것이다. 그리고 많은 좋은 것들이 다 사라졌기 때문에 더 이상 보존할 것이 없다고 탄식할 필요도 없다. 바로 '지금 여기' 있는 것으로 시작하면 된다. 모든 것이 빨리 변하고 사라지는 한국에서는 무엇이든 6개월만 지나면 옛것이 된다. 지은 지 30년이 안 된 잠실 종합운동장이 300년도 넘은 베르사유 궁전보다 낡아 보이는 곳이 한국이다. 그런 곳에서 '지금 여기' 있는 도시 현상과 건축물들을 기록해 둔다면 무엇이든 귀중한 기록이 될 수 있다. 그것들은 곧 사라질 것이기 때문이다. 누군가 우연히 철거되기 직전의 스카라 극장을 찍어 두었다면 그것은 역사적 기록이 될 것이다. 그러니까 '오늘날의' 사진 찍기는 오늘날에만 머물지 않는 시간성을 품고 있다. 이 책 『초조한 도시』는 사진을 통하여 시간을 멈추게 하여 먼 훗날 누군가가 오늘날 도시의 모습을 기억하고 성찰하게 하려는 시도이다.

도시의 초조함을 괄호에 넣기

유속(流速)이 빠른 도시의 시간은 사람을 초조하게 만든다. 급류에 떠내려가는 낙엽처럼 사람들은 도시의 구조와 스케줄과 프로그램에 속절없이 떠밀려 내려간다. 나는 이 미친 흐름을 잠시 멈추기 위해 카메라를 든다. 거기서 나온 사진은 상징적인 것도 아니고 수사적인 것도 아니다. 예술적인 것은 더더욱 아니며 그저 실존적인 것이다. 그것은 내가 도시를 살아 내는 방식이다.

그렇다면 내가 사진 찍는 도시는 아름다운가? 사실 한국의 도시를 아름답다고 하는 사람은 별로 없다. 서울의 한강 변 야경이나 부산의 광안대교 야경을 아름답게 찍은 사진들은 간혹 있지만 그것은 도시의 특정 국면을 특정 시간에 사진의 특정한 방식에 따라 촬영한 것이지, 도시 전체가 아름다운 것은 아니다. 교보빌딩이나 롯데호텔, 타워팰리스 등 서울의 스카이라인을 지배하고 있는 건물들도 아름답다고 찬양받거나 사진작가의 촬영 대상이 되지는 않는다.

그래서 반대급부로 유명 건축가들은 '내가 아무개다!'라고 외치기라도 하듯이 누가 봐도 건축가의 이름을 읽을 수 있는 스타일과 재질로 개성을 한껏 뽐내지만 그런 분들이 세운 건축물이 서울을 아름다운 도시로 만들지는 못하는 것 같다. 국내 건축가만이 아니라 그게 대니얼 리버스킨드가 됐건 마리오 보타가 됐건 사정은 마찬가지이다. 건축가의 개성은 개성으로 끝날 뿐, 도시 경관에는 보탬이 되지 못한다. 왜냐하면 도시 경관은 시각적 환경의 문제이고, 그것은 어느 한 요소의 문제가 아니라 여러 가지 이질적인 요소들의 조화와 균형과 긴장의 문제이므로 건축가가 개성을 발휘한 건물을 점 하나 찍듯이 놓아 봐야 도시 경관에는 도움이 되지 않기 때문이다.

하지만 그렇다고 도시에 사는 사람들이 도시 경관의 아름답지 못함을 괴로워하며 매일매일을 끙끙대며 살고 있는가? 그렇지 않다. 인간은 꼭두각시가 아니기 때문에 누구나 경관을 포함한 현실을 해석하고 번역하여 자기의 현실로 만들어서 그걸 소화하며 살아간다. 그렇게 소화하는 방법 중에 '괄호에 넣기'가 있다. 즉 자기가 보기 싫고 듣기 싫은 것은 괄호에 넣어 버리는 것이다. 괄호에 넣는 방법 중에는 주체의 적극적인 의지만이 아니라 어떤 장치에 의한 것도 있다. 그중에서 가장 많이 실천되는 것이 '거리두기'이다. 아마추어 사진가들이 찍은 야경 사진이나 외국에 한국을 홍보하기 위한 관광 사진에서 공통적으로 보이는 점은 도시를 바짝 가까이서 본 모습이 아니라 높은 곳이나 먼 곳에서 본 전체적인 모습을 보여 준다는 것이다. 그것은 물리적인 거리를 두어야 비로소 도시를 아름답게 볼 수 있음을 의미한다. 그런 거리두기에는 두 가지 차원이 있는데, 하나는 '공간'이고 또 하나는 '속도'이다. 예전에 차를 타고 지나가며 본 길거리가 멋있어서 나중에 걸어서 가 봤더니 온갖 쓰레기며 간판들로 무질서한 곳이라 실망하고 놀란 적이 있다. 시속 80킬로미터라는 '속도'가 준 거리에 나는 속은 것이었다. 즉 속도는 나에게 디테일을 볼 수 있는 시간을 주지 않았고, 나는 높이서 서울을 바라보며 감탄하는 관광객처럼 일상의 관광객이 되어 속도가 가져다준 거리감에 현혹됐던 것이다.

그러나 그런 '거리두기=괄호에 넣기'야말로 우리가 도시에 살 수 있게 해 주는 방편이다. 도시의 모든 디테일이 다 눈에 띄고 머리를 채우고 있다면 우리는 살 수 없을 것이다. 신문에서 읽은 살인 사건에 대한 기사에 너무 신경을 쓰면 도시의 밤거리를 걸을 수 없

을 것이며, 비위생적인 식당 주방을 고발한 방송이 너무 생생하게 머리에 남아 있으면 어디에서도 밥을 사 먹을 수 없을 것이며, 공사장의 위험을 너무 잘 알고 있으면 길거리를 걸을 수 없을 것이다. 그러나 다행히도 괄호 넣기의 비법은 우리가 도시에서 살 수 있게 해 준다. 가라타니 고진이 『네이션과 미학』(ネーションと美学, 2004)에서 그 점에 대해 잘 써 놓았다.

> 미적 태도는 대상 그 자체로부터가 아니라, 그로부터 받게 되는 다양한 반응을 괄호에 넣는 것 그 자체로부터 쾌를 얻고 있다. 심미주의자가 무언가를 예찬한다고 하자. 그것은 대상 그 자체가 쾌적하기 때문이 아니라, 오히려 불쾌하고 보통이라면 기피되는 것이기 때문이다.

물론 불쾌한 반응을 괄호에 넣는 것은 해결이 아니다. 가라타니 고진은 그 괄호를 다시 벗겨야 한다고 말한다. 즉, 일단은 보기 싫어서 피했지만 다른 차원에서 어떻게든 소화를 해야 한다는 것이다. 살인 사건은 모든 사람에게 일어나지 않지만 누구에게나 일어날 수 있고, 오늘 점심을 먹은 식당이 바로 그 비위생 업소일 수 있으며, 사고는 어디서든 날 수 있다. 그런 것들을 일단은 괄호에 넣고 멀리서 보지만, 마음이 좀 진정된 다음에는 괄호를 벗기고 어쨌든 처리해야 한다. 관념적으로든 실천적으로든 말이다.

내 경우는 사진 찍기가 도시의 경관을 괄호에 넣는 일차적인 방식이며, 또한 괄호를 다시 벗기는 방식이다. 도시는 이미지로 바뀌면서 무해한 것이 되지만, 나는 도시를 살아 내야 하므로 괄호를 벗기고 현실의 공간 속에서 도시를 다시 만난다. 그럴 때 도시는 몽환적 구경거리가 아닌, 어떻게든 살아 낼 수 있는 공간으로 탈바꿈한다.

나는 내가 사진 찍은 그 공간으로 다시 뛰어든다. 잠수부가 깊이 숨을 멈추고 대왕오징어가 있을지도 모르는 바닷속 깊이 들어가듯이, 나는 깊이 숨을 멈추고 카메라의 셔터를 누르며 도시 속으로 들어간다.

1장
기호의 제국

'기호의 제국'이라는 제목은 롤랑 바르트가 1970년에 일본을 가 보고 쓴 책의 제목에서 빌려 왔다. 그 책의 목차에는 '젓가락' '주소 없음' '문방구' 같은 항목들이 등장하는데, 다 한국 사람들에게는 익숙한 것들이다. 그리고 글을 봐도 바르트다운 정교하고 깊이 있는 기호학적 해석보다는 다른 문화에 대한 관광적 놀라움의 표출 정도에 그치고 있다. 항상 젓가락으로 밥을 먹고, 서양처럼 길거리에 거리 이름이 붙어 있지 않은데 사람들이 어찌어찌 목적지를 찾아가고 (지금은 한국의 대부분의 길에 거리 이름이 붙어 있다. 아무도 그 이름을 보고 어디인지 알기는 힘들지만) 문방구에 가면 농구공부터 편지지까지 온갖 자잘한 것들을 파는 문화가 우리에게는 익숙한데 처음 보는 서양인에게는 대단히 신기하고 놀라웠던 것 같다. 그럼에도 바르트의 책에서 중요한 것이 있다면 그런 놀라움이 거리두기에서 온다는 사실이다. 바르트는 일부러 일본의 문화에 대해 거리를 둔 것이 아니라 생전 처음 와 보는 낯선 나라이기 때문에 거리를 느낀 것이다. 그리고 그는 끝내 그 거리를 극복하지 못하여 일본 문화에 자신의 기호학을 들이밀지 못한다. 일본 문화에 대한 자신의 느낌을 서술하는 데 그치고 만 것이다.

21세기 한국의 도시를 여행하는 나는 비슷하지만 또 다른 종류의 기호의 제국을 만난다. 그리고 나는 바르트가 일본에서 겪었던 거리두기와는 또 다른 거리두기를 겪는다. 바르트는 일본에서 사진을 찍으려 하지 않았다고 했는데 (섬광들이 그에게 다가왔기 때문에 사진 찍을 필요가 없다고 했다), 나는 한국의 도시 기호들을 사진 찍음으로써 거리를 둔다. 수잔 손탁이 '참여하는 사람은 기록하지 않고, 기록하는 사람은 참여하지 않는다'고 했는데, 나는 사진 찍음으로써 도시의 기호 세계에 참여하지 않는다. 그 대신 그것들에 대해 안전한 거리를 두고 그 혼잡의 힘을 즐긴다. 카메라의 망원렌즈는 나에게 기호로부터 거리를 둘 수 있는 물리적이고 시각적인 기회를 제공한다. 아주 멀리서 기호들이 중첩돼 있는 모습을 보면서 나는 생전 처음 한국의 도시에 와 본 사람처럼 놀란다. 그리고 놀라움으로부터 자신을 방어하듯이 카메라의 셔터를 누른다.

사진을 통해 처음으로 이런 놀라움을 겪은 사람

은 한국의 사진가들이 아니라 일본의 사진가들이었다. 기호들의 혼란이라는 환경을 익숙하게 살아 낸다는 점에서는 일본 사람과 한국 사람이 같다. 그러나 일본 사람은 그것을 표상의 차원으로 만들어 내고, 한국 사람은 표상해 내지 않았다는 점이 다르다. 프로이트의 유명한 '있다/없다'(fort/da) 놀이에서 엄마와 떨어진 어린아이는 실뭉치를 던졌다 받으며 (엄마가) '없다', '있다'를 반복한다. 그 아이는 실뭉치의 있음/없음의 분절화를 언어로 표상함으로써 엄마의 부재라는 트라우마를 극복하려 하는데, 여기서 중요한 것은 표상하기를 통하여 트라우마를 극복하려 한다는 점이다. 그것은 흡사 어떤 사태가 터졌을 때 그게 도대체 뭔지 모를 때는 너무나 막막하고 두렵지만 누군가 '호랑이다'라고 말하면 그에 대한 인식이 생기고 대처 방법이 생겨서 처리할 수 있게 되는 것과 비슷한 것이다. 반면, 한국의 사진가들에게는 도시의 혼란에 대처하는 표상은 없었다.

1953년 한국전쟁이 끝난 후부터 임응식, 정범태, 한영수 같은 사진가들은 한국의 도시를 찍었지만 그들은 도시를 기호로 보고 찍은 것이 아니라 정서라는 필터를 통해 찍었다. 그래서 한국의 도시는 불쌍한 사람이 넘쳐나고 가난하지만 목가적 서정성도 있는 곳으로 묘사됐다. 그러다가 1960년대 후반부터 일본 사진가들이 한국의 도시에 상륙하자 그들은 도시를 무자비하게 기호로 처리해 버린다. 거기에는 연민도 낭만도 없다. 오로지 낙후한 도시의 혼란스러운 기호의 중첩만이 있을 뿐이다. 1970년 일본 교양지 『문예춘추』(文藝春秋)에는 간판으로 혼란스러운 명동 사진이 실린 적이 있다. 사진가 이름은 후지사키 야스오였다. 「기호의 제국」에 실은 몇몇 사진은 그의 사진에 영향을 받은 것이다. 내가 1970년도에 『문예춘추』의 화보를 보고 받은 인상이 남아서 2005년쯤 사진을 찍은 셈이니 그 영향이 오래 간 편이다.

그렇다면 「기호의 제국」은 도시에 대해 무엇을 하고 있는가? 어떤 것을 기호로 취급했을 때 당연히 나오는 태도는 그것을 읽어 보는 것이다. 그런 읽기에는 나름의 역사가 있다. 한국 사회에서는 80년대 말부터 '무엇무엇 읽기'라는 말이 많이 쓰이기 시작했다. 우선 지식인과 문화예술인이 영화에 관심을 가지기 시작하면서 '영화 읽기'라는 말이 쓰이기 시작했다. 그전까지는 영화는 보는 것이었지 읽는 것이 아니었다. 영화를 보고 싶은 사람들은 휴일을 즐기고 싶은 가족들이나 연인들이었고, 영화를 읽고 싶은 사람들은 거기서 뭔가 심오한 의미를 끄집어내고 싶은 지식인들이었다. 앨프리드 히치콕의 영화 등을 라캉의 심리 분석과 철학에 의거해 풀어낸 슬라보이 지제크의 작업들, 그가 직접 출연해서 「매트릭스」(The Matrix) 등의 영화에 대해 해석하는 영화 「지젝의 기묘한 영화 강의」(Pervert's Guide to Cinema)는 그런 영화 읽기의 가장 밀도 있는 형태를 보여 준다. 이런 읽기와 보기의 이분법은 보기란 눈앞에 벌어지는 광경을 그저 멍하니 보고만 있는 수동적인 방관자라는 태도를 전제로 한다. 즉 비판적 읽기는 있어도 비판적 보기란 없다는 것이다. 지식인들이 영화를 보는 대신 읽는다고 말하기 시작한 데에는 자신들은 시간이 남고 할 일이 없어서 주말에 영화를 '보는' 것이 아니라, 겉으로는 보이지 않는 층위에 은폐된 욕망과 의미가 얽힌 구조 따위를 '읽어' 내는 능동적이고 생산적인 활동을 한다는 의미가 전제되어 있다.

일반적으로 '읽기'의 대상에는 '이것은 읽을 수 있고 저것은 읽을 수 없는 것이다'라는 구분이 개념적으로, 장치적으로 개입되어 있다. 책에는 여백과 글씨가 분명하게 구분돼 있고, 영화에서는 읽어야 할 내용과 그것을 둘러싼 부가적 프레임이 구분돼 있다. 즉 읽기란 의미 있는 것과 없는 것을 나누는, 철저하게 위계적인 행위이다. 책의 종이 질에 관심 있는 전문가가 아니고서야 책을 읽으면서 흰 여백을 열심히 읽으려는 사람은 없을 것이다. 영화에서도 타이틀과 영화 사이에 존재하는 시간의 여백을 열심히 읽는 관객은 없을 것이다. 결국 읽기란 읽어야 할 것과 읽지 말아야 할 것을 구분하는 습관을 익히는 행위이다. 구분할 줄 안다는 것은 지적인 것을 파악하는 가장 기본적인 단초이다. 지적인 읽기는 독자를 지적인 인간의 반열에 올려놓는다. 영화 읽기에서 시작하여 문화 읽기, 그리고 최근의 도시 읽기는 그런 것들을 보는 관람자들을 지적인 독자로 만들어 준다. 그런 행위로써, 지식인들은 스펙터클을 멍하니 보기만 하고 성찰할 줄 모르는 일반 대중과 거리를 둘 수 있었다.

그러나 문제는 개별 기호를 읽는 기호학은 있어

도 도시와 같은 기호의 집적을 읽는 기호학은 없다는 것이다. 도시에는 읽어야 할 것과 읽을 필요 없는 것을 나누는 프레임이 없다. 책의 여백에 해당하는 장치가 없는 것이다. 물론 교통 표지나 간판같이 명백하게 읽을 수 있는 기호들이 도시 공간을 채우고 있지만 그런 것들에 요구되는 읽기는 지적이 아니라 실용적이고 관습적인 것이다. 도시의 보행자는 내가 찾는 은행의 간판이 어디 있는지만 알면 그만이지 그 간판의 철학이나 심리학 등에 대해 고민하지 않는다. 책에서는 텍스트가 여백에 대해 지식의 권위를 가지지만 도시 공간에서는 그런 위계 없이 여러 요소들이 복합적으로 다가온다. 그리고 도시는 읽을 수 있는 대상이기 전에 힘과 속도, 밀도의 집적체이다. 도시를 보거나 걷고, 그곳에서 물건을 팔고 사업을 하며 살아가는 사람들은 그런 집적체로서의 도시를 복합적이고 중층적인 풍경으로 인식한다. 물론 도시의 복합성을 자신의 관심에 따라 단층으로 환원해 버리는 경우도 있다. 배가 고픈 사람에게는 수많은 간판 중에서 음식점 간판만 눈에 띌 것이다. 그러나 그가 임시로 설정한 (식당 간판을 도시의 다른 요소보다 우위에 두는) 기호의 위계는 밥을 먹고 배가 차서 다시 길거리로 나서면 해제돼 버리고 도시는 다시 복합적 풍경으로 다가온다.

　　물론 형사 콜롬보처럼 무엇이든 그 징후를 읽어서 원인을 찾아내야 직성이 풀리는 지식인이라면 그런 것들을 읽어 낼 수는 있을 것이다. 그러나 거기에는 전제가 있다. 도시에서 기호를 따로 떼어 내 읽으려면 기호의 원근법이 설정되어 있어야 한다. 즉 여러 기호 중에서 자신이 읽어야 할 기호를 전경에 두고 나머지는 후경에 아웃포커스로 처리해서 특정 기호만을 읽기의 대상으로 떠올려야 한다. 그러나 도시의 공간은 그것을 만든 이의 의도에서는 선형 원근법을 따르고 있으나 보는 이는 그런 원근법에 따라 보지 않는다.(테헤란로나 여의도 광장같이 소실점이 한눈에 보이는, 모든 요소가 그런 질서에 따라 배치된 곳에서는 선형 원근법이 통한다.)「기호의 제국」은 복잡하게 뒤얽힌 도시의 원근법을 망원렌즈를 통해 정리해 보려고 한다. 그런데 그게 깨끗하게 정리가 될까? 나와 도시 사이에는 몸과 감각이 들어 있다. 기존의 도시 읽기가 도시를 텍스트로 바꿔서 해석의 그물로 포착해 내려는 힘의 작용이라면, 사진 찍기는 카메라와 몸으로 도시와 맞부딪치는 행위이다. 사진 찍기는 지적인 활동이기도 하지만 신체적이고 감각적인 활동이기 때문에 그것은 기록이나 읽기라기보다는 도시에 대한 실존적인 반응이라고 할 수 있다. 그 반응은 도시에 대해 느끼는 불안을 진정시키고, 기호들이 폭포수처럼 쏟아져 들어오는 속도를 늦추려는 것이다. 그것은 도시의 진실을 발견하려는 행위는 아니다. 사진이라는 표상의 비진실성에 대해 누구보다도 잘 알고 있는 평론가가 바로 그 사진을 이용해서 도시의 진실을 보여 주려는 것만큼 아이러니한 일도 없을 것이다.

나는 사진이 진실이나 실제를 담는다고 생각하지 않는다. 사진 찍기의 진실은 참전 용사가 전쟁의 충격에 대해 히스테리 증상을 보이는 것만큼 진실이다. 즉 히스테리 증상을 겪는 사람이 말하는 이 세상은 병적으로 왜곡돼 있겠지만 증상의 크기와 심각함은 그에게 히스테리를 일으키게 한 전쟁의 충격을 증언하기에 진실을 품는다. 괴로운 진실이기는 하지만 말이다. 도시에 사는 사람들은 분명 도시에 대해 히스테리 증상을 가지고 있다. 도시가 속도와 밀도와 충격으로 그를 습격해 오기 때문에 거기에 대한 방어기제로 히스테리가 발달하는 것이다. 「기호의 제국」은 도시의 속도와 밀도를 사진으로 찍음으로써 도시가 가하는 히스테리에서 벗어나려 한다. 그것은 도시를 기록하려는 것이 아닌, 도시를 살아가는 한 방편이다.

사물이라는 기호

사물들이 말을 하는 순간이 있다. 글씨나 구조물이 죽어 있는 것이 아니라 뭔가 독특한 형태로 살아나서 인간의 이야기가 아니라 사물의 이야기를 펼치는 순간이다. 사람이 일군 도시지만 그곳의 사물들은 사람의 의지를 벗어나 자기들끼리 연합하고 관계를 맺는다. 그래서 사물들의 이야기를 펼쳐 낸다. 산업화 이전의 사물들은 서로 갈등한 적이 없었으나 21세기의 사물들은 갑자기 하늘에서 다른 맥락을 가지고 떨어진 듯 온통 각축과 경쟁으로 가득 찬 이야기를 쓰고 있다. 20세기에 세워진 광화문의 이순신 장군상은 21세기의 LED 전광판과 각축하며 역사의 공간을 나눠 쓰고 있다. 서울 구로구에 있는 중앙유통단지의 간판 글씨는 아마도 서울에 남은 마지막 대규모 공장인 제일제당 공장과 마주 보고 매일 대화를 나눈다. 수원의 어느 교회는 첨탑이 3단 로켓을 닮아 언젠가는 하늘을 향해 발사될 것같이 보인다. 또 다른 수원의 교회 첨탑은 아파트와 높이 경쟁을 하고 있지만 나날이 치솟는 아파트를 이기기는 쉽지 않아 보인다. 이태원 언덕 꼭대기에 있는 기독교 교회와 이슬람 성전은 서로 마주 보며 공존하고 있으나 보광동 재개발 사업이 진행되면 교회는 사라질 것으로 보인다. 평소에 사람들이 볼 일이 없는 옥상의 공간에는 정돈되지 않은 사물들이 또 다른 조화와 대비의 이야기를 쓰고 있다. 그것은 누구도 줄거리를 정해 주지 않고 결론도 없는 이야기다. 그리고 밀물이 쳐들어오듯 빨리 변하는 대한민국의 도시 공간에서 얼마나 오래 갈지 아무도 장담할 수 없는 휘발성의 이야기다. 이 사진에 나오는 사물들 중 벌써 변해 버린 것들도 많고, 앞으로 10년 후에도 같은 모습으로 남아 있을 것 같은 사물들은 없다. 그래서 사물들의 이야기를 빨리 주워 담아 둬야 한다. 그렇다고 문자 언어로 사물들의 이야기를 기록하는 것은 재미없는 일이다. 그냥 이미지로 남겨서 누구나 마음대로 읽어 볼 수 있는 상형문자로 두는 게 좋을 것 같다.

2009년 8월에 찍은 광화문광장의 이순신 동상 사진은 얼마
뒤인 한글날에 장군상 뒤로 세종대왕상이 들어설 예정이었기
때문에 급하게 서둘러서 찍어야 했다. 시대적 분위기로
봐서 세종대왕상이 생기면 1969년에 생긴 이순신 장군상의
분위기가 온전히 남아 있을 것 같지 않았기 때문이다. 그래서
장군상을 만나러 가는 길은 조급하고 초조한 것이었다. 흡사
곧 멸종될 어떤 희귀한 종류의 새를 찾아 떠나는 여행처럼
말이다. 장군상을 만나러 가는 길은 한 시간 반 정도 걸리는
여행이지만 그것은 1969년으로 거슬러 올라가는 여행이다.
그 여행을 통해 나는 광화문 네거리를 특별한 랜드마크로
만들어 놓은 이 상의 위상과 위용을 만난다. 물론 발터
벤야민이 말한 전시가치(exhibition value)로서의 장군상의
위용만이 아니라, 특정 인물을 '호국의 영웅'으로 만들어 준
이념적, 담론적 필터도 같이 만나는 것이다.

이 여행의 계기는 광화문에 불어 닥친 변화였다. 만일 그 변화가
아니었으면 나는 장군상을 결코 사진 찍지 않았을 것이다. 어느 날
밤 광화문 앞을 걷는데 세종로 거리가 훤해진 것이, 뭔가가 변한
느낌이었다. 알고 보니 광화문 광장을 '조성'한다고 중앙분리대에
있는 은행나무들을 전부 뽑아 버린 것이었다. 덕분에 이순신
장군상은 세워진 지 40년 만에 뒤통수를 노출하고 말았다. 한데
장군상 너머로 보이는 각종 미디어 보드들과의 대비가 무척이나
흥미롭게 느껴졌으니, 그것은 한국에서는 역사적 기념비가
미디어의 위력에 가볍게 눌리고 만다는 것이다. 조각가 김세중의
작품인 이순신 장군상은 칼을 오른손에 쥐고 있는 형태가 항복의
표시라 하여(왼손에 쥐고 있어야 오른손을 뻗어서 칼을 뽑을
수 있을 것이므로) 논란도 많았지만, 한국에 남아 있는 역사적
기념비 중에는 장중한 멋을 풍기고 광화문의 시민들을 굽어보는
것이 뭔가 준엄한 맛이 있었다. 그러나 오늘날의 디지털 미디어는
그런 역사성쯤은 가볍게 압도하고 만다.

사실 광화문 네거리의 미디어 보드의 위력은 2001년
미디어시티서울이라는 전시 때 드러났다. 그때 세계적인 큐레이터
한스 울리히 오브리스트는 광화문 네거리의 전광판들이 미디어
아트의 훌륭한 전시장이 될 수 있음을 인식하고 전 세계 작가들의
작품을 전광판에 보여 주는 전시를 기획했었다. '스펙터클
사회'의 총아인 미디어 보드를 이용해서 그 스펙터클의
자본주의적 핵심에 도전한다는 의지 자체는 헌걸차고 좋았으나,
한스가 몰랐던 것은 그의 고향인 스위스가 아니라 한국의
길거리에서 미디어의 위력이 얼마나 센 것이냐 하는 것이었다.
전차 타고 20여 분만 가면 거리 끝에서 끝으로 갈 수 있는 취리히
같은 도시와 서울은 애초에 비교할 수 있는 도시가 아니다.
한스의 기획이 실패한 이유는 우선, 광화문 네거리에 아무리 서서
기다려도 작품을 볼 수 없다는 것이다. 사실 볼 수는 있는데 그게
한 시간에 한 번 정도로 드문드문 나오니까 좀처럼 볼 기회가
없다. 게다가 광화문 네거리에 유럽 같은 노천카페가 줄지어
있어서 사람들이 거기 앉아서 커피를 마시며 신문도 보고 있다면
전광판의 작품을 볼 기회가 있겠으나, 광화문 네거리는 흐름과
이동과 비고정성의 장소이지 정주의 장소가 아니다. 누구도 거기
할 일 없이 한 시간을 앉아 있거나 서 있는 사람이 없다는 것이다.

어쨌든 거기 한 시간을 서서 간신히 작품을 볼 수 있게 되었다
치자. 예술이란 스펙터클의 효과에서 대중문화를 결코 이길
수 없다. 그 가장 큰 이유는 예술은 대상에 대한 다른 해석을
내놓아 힘을 발휘하는 인간 활동이지 대상을 크게 만들어서 힘을
발휘하는 활동이 아니기 때문이다. 예를 들어 올림픽 개막식 같은
스펙터클은 크기가 중요하다. 사람 수십 명 모아 놓고 할 수는 없기
때문이다. 그러나 백남준의 작업이 크기가 크기 때문에 의미를
가지는 것은 아니다. 어쨌든, 광화문의 미디어 환경은 크기와
시각적 충격이 지배하는 곳이다. 그곳에 크기와 감각은 점잖지만
의미는 무거운 예술 작품들이 들어갔을 때 도저히 대중문화의
위력을 이길 수 없었다. 그런 미디어의 위력은 오늘날 이순신
장군마저 압도하는 것이다.

서울신문

서울시 종로구, 2009

그런 것이 오늘날의 미디어가 지배하는 사회의 풍경이라고
생각하여 사진을 찍으려고 하니 한글날을 맞이하여 장군상
뒤에 세종대왕상을 세운다는 암울한 소식이 들려왔다. 그래서
이 모습이 사라지기 전에 빨리 사진을 찍어 두자고 서둘러서
광화문으로 여행을 갔었다. 밤에 찍으려니 삼각대가 필요해서
삼각대를 사서 며칠 후에 다시 가 보니 풍경이 또 변해 있었다.
이번에는 햇빛 가리개 같은 것을 세워 놓았는데, 촌스런 그 물건이
사진의 프레임 속에 턱 들어와 있는 것이었다. 그래서 다음에는
사다리를 가지고 가서 좀 높은 곳에서 찍었다. 그래도 뭔가
미진해서 또 갔더니 이번에는 오른쪽으로 더 큰 햇빛 가리개와,
어떤 건축가의 트레이드마크가 돼버린 녹슨 철판으로 된 구조물이
왼쪽 시야를 가리고 있었다. 계속 보강된 장비로 사진을 다시
찍었지만 첫날 찍은 그 맛은 결코 나지 않았다. 그러고는 날짜가
지나서 어느덧 10월 9일. 광화문은 다시는 가고 싶지도, 쳐다보고
싶지도 않은 곳이 돼버렸다.

내가 장군상을 처음 찍은 8월 15일에서 마지막으로 찍은 10월
2일 사이의 두 달도 안 되는 시간 동안 광화문 풍경은 참 많이도
변했다. 사실 그 변화는 그냥 자연스러운 도시 발전에 따른
경관의 변화가 아니라 상당히 정치적인 성격을 띠는데, 그에
대해서는 언젠가 다른 책, 다른 글에서 더 서술해야 할 것 같다.
다만, 정치하는 분들은 광장 가지고 하는 놀음은 제발 그만두고,
아무것도 설치하지 마시고, 아무것도 '조성'하지 마시고 시민들의
품으로 되돌려 보내 달라고 부탁드리고만 싶다. 이제는 나는
절대로 광화문으로 여행을 가지 않는다. 그냥 되도록이면 빨리
스쳐 지나갈 뿐이다.

내가 구로동에 있는 중앙유통단지 옥상에 올라간 것은 1960년대에 동립산업으로 시작됐다가 지금은 제일제당의 공장으로 있는 건물의 사진을 찍기 위해서였다. 제일제당은 현재 서울 시내에서 작동하는 몇 안 되는 대규모 공장으로, 속이 훤히 보이는 유리창으로 돼 있어서 안에서 작동하는 기계를 보여 주는 극도로 드문 경우이다. 그 건물을 보기 위해 맞은편에 있는 중앙유통단지 옥상에 올라갔을 때 내 눈길을 끈 것은 '중앙유통단지'라는 거대한 입간판의 글씨였다.

제일제당과 중앙유통단지가 마주 보고 있는 이 장면은 워커 에번스의 사진에 나오는 빌딩 옥상의 입간판 사진과 같은 느낌을 준다. 그 사진들에서 에번스는 간판을 추상적인 기호가 아니라 물질성을 가지고 있으면서 현실적으로 작동하는 어떤 것으로 보고 있다. 그리고 그 작동에는 역사적 차원이 있다. 1차 세계대전과 2차 세계대전 사이에 잠시 숨을 고르다 대침체기를 맞은 산업자본주의가 스펙터클화된 이미지를 중시하여 대규모의 간판을 낳았고, 에번스는 그런 전반적인 사회적인 정황을 읽었음이 분명하다. 그의 사진에서 간판은 단순히 소재나 구경거리가 아니라, 산업자본주의 사회에서 이미지란 무엇인가 하는 중요한 문제를 내포하고 있는 것으로 나타난다.

산업자본주의가 으리으리한 상품을 내놓지만 수명이 다하면 쇠락하고 그것은 자본의 사이클을 돌리기 위해 폐기되고 재생산되듯이, 간판은 크기와 높이와 무게라는 차원을 가지며, 비바람에 시달려 녹이 슬고 이동되고 매달려진다. 그는 간판을 사회 자체만큼이나 다이내믹한 것으로 보았다. 그의 사진 속에서 미국 남부 시골 사람들의 얼굴 주름과 옷의 때가 세세히 묘사돼 있듯이, 간판의 물질적인 영고성쇠의 흔적들이 강조돼 있다. 중앙유통단지 간판이 딱 그런 느낌이다. 한때는 대한민국의 공업 지대였던 금천구는 이제는 더 이상 공업 지대는 아니다. 물론 몇 군데의 공장과 철강 유통단지가 남아 있기는 하지만 주위를 포위한 주상복합 건물들의 위세를 보면 언젠가는 재개발에 떠밀려 쫓겨날 것이 분명해 보인다. 요즘 이런 식의 공업 관련 건물들은 시화공단이나 안산공단 같은 곳에 어울리는 풍경이다. 금천구는 더 이상 공업 단지가 아니라 유통, 주거, 상업 지구인 것이다. 중앙유통단지 간판은 그런 다이내믹의 한복판에 있기 때문에 대단히 흥미롭게 시대의 진동을 전하고 있다. 그것은 분명히 2010년의 풍경이다. 적절히 때가 탄 콘크리트와 얼기설기 얽힌 간판 구조물, 각각 다르게 연출된 에어컨 실외기, 고인 물에 비친 간판의 모습을 얼마나 더 볼 수 있을지 모르겠다.

저 교회의 첨탑은 미사일을 닮아서 내가 미사일 교회라고
불렀었다. 미사일 교회의 뒤에 있는 아파트는 이제는
완공되어 이편한세상광교아파트가 됐다. 교회와 아파트의
조합은 한국 사람들이 이루고자 하는 소망을 다 충족해 주는
좋은 조합이다.

경기도 수원시, 2011

고딕 양식으로 지어진 유럽의 대성당들을 보면 엄청난 높이와 수직성에 놀라게 된다. 오늘날이야 높은 건물들이 많아서 밀라노 대성당이나 쾰른 대성당이 그렇게 높아 보이지 않지만, 철근콘크리트도 타워크레인도 엘리베이터도 없던 시절에 높이가 160미터나 되는 첨탑을 돌로 만들어 세웠다는 것은 수직성에 대한 욕망이 얼마나 강했는지 말해 준다. 그렇게 해서 신에게 가까이 갈 수 있다고 믿었으니 말이다. 고딕의 욕망은 21세기 한국의 아파트에서 다시 부활한다. 거기에는 신을 만나려는 욕망보다는 집값 올라가기를 바라는 욕망이 더 강하지만, 수직성에 대한 욕망은 교회를 앞서는 것 같다. 경기도 수원의 어느 교회는 밀라노 대성당을 본떠 지은 것 같은 전형적인 고딕 양식으로 되어 있는데, 그 뒤에 있는 아파트와, 동과 동 사이의 그림자가 더 수직성의 욕망을 나타내고 있는 것 같다.

그런데 고딕의 욕망은 한 겹이 아니다. 교회의 첨탑 뒤에 또 다른 첨탑이 있고, 아파트의 뒤 저 멀리에 또 다른 아파트가 있다. 그리고 수직으로 세워진 골프 연습장의 철골도 보인다. 신앙과 개발이 마구 뒤엉키는 것이 한국의 삶인가 보다. 고딕의 욕망이 21세기 한국의 건축물을 특징짓는 패러다임이라면 건축가, 도시 연구자, 미술사가들이 한데 모여서 도대체 이런 패러다임을 어떻게 이해해야 하는지, 그것이 계속되어도 괜찮은지, 더 나은 수평의 패러다임은 가능하지 않은지 한 번쯤은 세미나라도 해야 하는 것 아닌가 싶다. 한국의 건축 공간에는 너무나 수직성이 강조되어 있어서 너무나 압도적이고 부담스럽기 때문이다.

경기도 수원시, 2007

이태원 언덕 꼭대기에 있는 한국이슬람교 서울중앙성원은 멀리서도 보인다. 그 건물은 한국 땅에도 알라의 빛이 비치고 있음을 알려 준다. 하지만 다른 나라에 있는 이슬람 사원들처럼 하루에 다섯 번 기도 시간에 맞추어 스피커로 아잔 소리를 틀지는 않는다. 대구의 이슬람 성전을 건립하는 자리 바로 앞에서 일부러 돼지고기를 구워 먹을 정도로 이슬람교에 대한 편견이 많은 나라에서 존재감을 유지하기 위한 방법이 아닐까 싶다. 무엇이든지 밀도가 높은 나라 한국에서는 이슬람 성전 바로 옆에 기독교 교회가 있는 것도 이상하게 보이지는 않는다. 한국은 사람, 차, 건물, 상업 시설 등 다양한 것들의 밀도가 높은 나라인데 종교의 밀도도 높다는 것을 이 사진에서 확인할 수 있다. 사진을 자세히 보면 한국이슬람교 서울중앙성원 바로 옆에 붉은색 탑 위에 작은 십자가가 있는 것을 볼 수 있다.

서울시 용산구, 2014

이슬람 성전 바로 옆에 있는 것처럼 보이지만 실제로는 멀리 있는 것일 수도 있다. 그 십자가와 한광교회 사이에 예수상이 있는 걸로 봐서는 또 다른 교회가 있는 것 같다. 이 사진에 제목을 붙인다면 '이슬람과 기독교의 공존' 정도가 되겠지만 두 종교 시설이 실제로 저렇게 가까이 있지는 않다. 두 종교시설은 직선거리로 600미터 떨어져 있다. 두 종교가 가까이서 공존하는 듯이 보이는 것은 아주 멀리서 망원렌즈를 써서 극단적으로 원근감을 압축해 놓은 결과일 뿐이다. 한국이슬람교 서울중앙성원에서 이 사진을 찍은 강남구 압구정동의 미성아파트까지는 2킬로미터 거리가 있다. 즉 2킬로미터라는 거리가 600미터의 거리를 바싹 줄여 놓은 것이다. 이 사진을 거짓말이라고 할 수는 없겠으나 다양한 종교들의 공존을 과장되게 말한 것이라고 할 수는 있을 것이다.

세운상가가 철거된다고 하니 건축이나 도시계획을 공부하는
사람들이 이곳을 찾는 모양이다. 사실 좁다란 통로에 각종
전자 제품 박스들이 잔뜩 쌓여 있고, 각 층마다 노래방
기기나 도청, 감시용 카메라나 송수신기 같은 것들을
파는 세운상가는 오늘날 전자제품 하면 떠올리는 '첨단,
정밀, 미래' 등의 가치와는 좀 거리가 있어 보인다. 차라리
세운상가는 도시의 한복판에 있으면서도 뭔가 낙후한
테크놀로지를 거래하는 홍콩의 뒷골목 같은 느낌이 드는
곳이다. 그리고, 재개발을 앞둔 곳이 다 그렇지만, 여기서는
뭔가 쇠락의 냄새가 난다. 그것이 세운상가가 구현하고
있는 테크놀로지가 낡아 보여서 그런지 (어쨌든 거래되는
물건이나, 전체적인 분위기나, 주차 여건이나 다 세운상가는
용산전자상가와는 완전히 다른 분위기이다) 재개발이
될 것으로 공시되면서 손님들 발길이 끊어지고 분위기가
스산해져서 그런지는 모르겠다. 그것은 흡사 어떤 물건이
박물관으로 가기 직전 사람들 손에서 아직 사용되고 있을 때
느껴지는 기이한 시간감이다. 어떤 것이 과거의 물건이 될
것이라는 느낌과, 아직은 내 손 안에 있다는 현재감 사이의
기이한 괴리와 연결이 그 시간감의 요체이다.

그래서 청계천과 세운상가 여행은 대단히 특별한 것이다. 그것은
현재에서 갑자기 과거로 점프해 들어갔다가, 텔레비전이나 에어컨
같은 일상의 소비적 테크놀로지에서 무전기나 배터리, 감시장비
같은 비일상적 테크놀로지로 점프해 들어가는 여행이다. 이제는
산업이 거의 밀려나고 금융과 서비스업만이 남은 서울 시내
중심가에서 아직도 전기, 금속, 아크릴과 그것을 가공하는 2차
산업을 취급하는 곳이라는 점에서 청계천과 세운상가 여행은
흡사 도시 속의 섬으로 떠나는 여행과 같다. 그 골목마다 일일이
기술하고 해석해 내기 어려운 스펙터클들이 있지만, 이 여행이
제공하는 최고의 스펙터클은 옥상에 있을 것이다. 어떤 옥상도
마찬가지지만, 세운상가 옥상은 지상에서는 볼 수 없는 특별한
스펙터클을 제공한다. 거기서는 낙후한 뒷골목의 구조가 고스란히
드러난다. 사람들은 건물에서 배제해 버린 구조물들을 몽땅
옥상으로 초대해 놓고 있었다.

서울시 중구, 2009

세운상가 주변의 건물 지붕 위에 올라가 있는 에어컨 실외기를 보면 우리가 살고 있는 사무실이나 거주 공간 같은 차원 외의, 뭔가 다른 차원의 세계 같다는 느낌이 든다. 실제로 에어컨 실외기와 우리의 거주 공간을 이어주는 것은 찬 공기를 불어 넣어주는 한 줄기 호스뿐이다. 그 사이는 완벽히 차단되어 있다. 우리의 삶에는 여러 가지 넘어서는 안 되는 경계가 있고, 그 경계 너머에 있는 것은 우리와 같은 존재로 취급되지 않는다. 예를 들어 동물원 우리 저편에 있는 동물은 절대로 이쪽으로 넘어오면 안 되는 존재들이고, 그것들이 넘어오면 재난이 된다. 유럽에 가면 박물관의 표 받는 카운터도 두꺼운 방탄유리로 차단되어 있고 돈과 표는 오로지 유리 하단의 작은 틈으로만 건네지는데, 이것도 박물관의 표 받는 직원과 손님들을 전혀 다른 종류의 존재로 갈라놓아, 한쪽이 다른 쪽을 침해하거나 오염시키는 것을 막는 구조이다. 박물관이 무슨 정보 기관도 아닌데 왜 그렇게까지 살벌하게 갈라놓아야 하는지 이해할 수 없지만, 서양 사람들은 어디든지 그런 차단 장치를 확실히 해 놓아야 밤에 잠이 오는 모양이다. 흡사 「스피시즈」 같은 미국 영화에 많이 나오는, 위험하고 해로운 외계의 어떤 것을 배양하는 실험실에 삼임한 차단 조치가 내려져 있는 것과 같이 말이다. 한국에는 다행히도 이 정도로 비인간적인 차단 장치가 돼 있는 기관은 없다.

단 한 군데가 그런 곳이 있는데, 그것은 미국 대사관이다. 가능성은 두 가지다. 원래 미국 사람들은 일하는 사람과 그가 상대하는 사람을 전혀 다른 종류의 타자적 존재로 갈라놓는 것이 전통이자 관습이기 때문에 어떤 기관이든지 그렇게 살벌하게 갈라놓아야 한다. 또 한 가지 가능성은, 예전에 어느 미국 고위 관리가 말한 대로, 미국 사람들은 한국 사람들을 '들쥐'로 생각하기 때문에 들쥐로부터 옮을 수 있는 각종 전염병들을 차단하기 위해 그렇게 하는 것이다. 하지만 누구든지 주한 미국 대사로 취임하면 한복을 곱게 차려입고 '아녕하세요우' 하며 자신은 비빔밥을 좋아한다며 한국인과의 친분을 과시하는 그들이 자신들을 한국인으로부터 그렇게 차단해야 한다는 것은 좀 우습다. 원래 식민지 지배자도 피지배자를 모방하게 마련인데, 그들은 겉으로는 한국인을 모방하고 있지만 조금만 친해지면 허물없이 벽을 허무는 한국인의 습관은 모방하지 않았다.

그런데 여기서 하려는 얘기는, 오늘날 에어컨이 그런 차단의 역할을 한다는 것이다. 에어컨의 보편화 때문에 7월 말의 습하고 더운 공기는 흡사 바이러스가 가득 찬 해로운 공기마냥 차단해 버려야 하는 어떤 것으로 취급되고 말았다. 많은 한국 사람들이 여름마다 한국보다 더 더운 동남아로 피서를 가는 것은 에어컨에 의해 차단되어 정제된 그 차갑고 살벌한 공기를 피하기 위해서인 것 같다. 차단의 벽 저쪽에는 타자가 자리하고 있는데, 이런 모습은 우리의 전통적 습관에서도 볼 수 있다. 옛날 어머니들은 높은 문지방으로 거주 공간과 차단된 부엌에 틀어박혀 있었는데, 한 상 가득히 가족들을 위한 음식을 차려 내고는 자신은 부엌 한쪽에 쭈그려 앉아 밥을 먹고는 했다. 같은 가족이지만 어머니는 문지방을 경계로 타자로 분류되어 있었던 것이다. 이제 한국의 아파트 구조에서 그런 차단의 장치는 사라졌지만 대신 공기를 차단하게 되었다. 에어컨 실외기는 기껏 열심히 일하고도 부엌에 쭈그리고 밥 먹는 측은한 아낙네처럼, 열심히 시원한 공기를 불어 넣어주고도 거주 공간으로부터 쫓겨나 지붕에 올라앉아 온갖 풍상을 다 맞고 있다. 여러 가지 다른 모델의 실외기들이 서로 다른 각도와 크기로 주저앉아 있는 모습은 흡사 쫓겨난 부엌때기들이 삼삼오오 모여서 신세 한탄을 하고 있는 것 같다.

사람과 동물만이 아니라 기계들도 군집성을 갖는데, 그것이 단순히 같은 물건들이 획일적으로 모여 있는 것이 아닌 이유는, 실외기의 모델도 다르지만, 그들이 앉아 있는 각도와 앉음새가 다 다르기 때문에 거기서 불규칙한 리듬감이 생기고, 인간이 설치했지만 어떤 인간도 일목요연하게 파악하거나 해석해 버릴 수 없는 그 불규칙한 리듬이 실외기들을 기묘한 집합체로 만들어 주고 있기 때문이다. 잘 보면 앉음새가 전부 다른데, 제대로 서 있는 놈, 삐딱하게 앉아 있는 놈, 판자를 깔고 있는 놈, 맨바닥에 그냥 앉은 놈, 판자도 얇은 판자와 두꺼운 판자가 있고, 바닥에 찰싹 붙은 놈이 있고 살짝 간격을 둔 놈이 있고, 탯줄이 보이는 놈이 있고 안 보이는 놈이 있고, 천의 얼굴을 하고 있다. 어떤 것들은 서로 싸운 것처럼 등을 대고 앉아 있고 어떤 것들은 대화하듯이 정면을 마주 대하고 있다. 이런 앙상블은 누구도 디자인하거나 계획한 것이 아니다. 청계천에서는 더 그렇다. 그러니까 이것들은 인간이 만들었으면서 인간의 세계 밖으로 쫓겨난 존재들이고, 그러면서 인간은 모르는 자기들만의 리듬을 가지고 살아가는 존재들이다.

지금 부천영상문화단지가 추진되고
있는 이 자리에는 한때 영화 세트장이
있었다. 영화 세트장의 뒤를 보면
합판과 각목으로 얼기설기 꾸며
놓은 모습이 화려한 앞면과 너무
대조된다. 잘난 체하던 사람의 허망한
뒷모습을 보아 버리면 통쾌하듯이,
영화 세트장의 뒷면을 보는 것도 왠지
통쾌하다.

경기도 부천시, 2004

대부분의 도시 벽화는 흉물이고 시각 공해인데, 그 첫째
이유는 마구잡이로 계획되기 때문이다. 벽화건 조형물이건
많은 사람들의 눈에 띄는 것은 신중하게 기획하고 설치돼야
하는데, 그렇지 못하니 공해만 남발하게 된다. 벽화가 흉물이
된 두 번째 이유는 더 중요한 것인데, 그림의 기본 자질이 없는
사람들이 마구 그려 대다 보니 그림과 주위 환경이 어울리지
못하기 때문이다.

벽화를 그리기 전에 벽이 어떻게 생겼고 특성은 무엇인지,
어느 정도 크기의 벽에 어느 정도 크기의 그림을 어떤
내용으로 그릴지 판단해야 하는데 그런 눈썰미가 없는
사람들이 마구 그려 대니 시각 공해가 된다. 수원의 골목길
어느 집 담에 그려진 벽화는 별로 아름답다고 할 수 없는
전기계량기와 잘 어울릴 뿐 아니라 그림 자체도 수준급이다.
매화와 난초를 좀 쳐 본 사람의 솜씨다.

아인스월드라는 세계

경기도 부천시에 아인스월드라는 재미있는 테마파크가 있어서 2004년에 열심히 사진 찍으러 다녔다. 세계의 유명 건축물들을 모은 곳인데 만리장성과 에펠탑과 뉴욕의 빌딩들이 한 공간에 모여 있는 모습이 무척이나 흥미로운 곳이었다. 개선문과 샹젤리제 옆에 주공아파트가 있는 풍경이 무척이나 흥미로웠다. 평면에 그려진 샹젤리제와 입체로 된 개선문은 가상의 공간이고 그 뒤에 있는 서해아파트와 주공아파트는 실제의 공간이다. 그런데 어느 게 가상이고 어느 게 실제인지 구별하기도 쉽지 않다. 그래서 이 사진을 본 사람들은 다 합성이라고 생각했다. 『초조한 도시』에는 합성 사진이 하나도 실려 있지 않다. 현실이 합성이었던 것이다.

2021년에 다시 가 본 아인스월드는 다른 세계가 돼 있었다. 테마파크는 망해서 문을 닫았고 유치권 행사 중이라는 글씨가 붙어 있었다. 가상공간은 이제는 폐허가 되어 고양이만 뛰노는 곳이 됐다. 원래부터 초현실적이었던 아인스월드는 더 초현실적인 곳이 됐다. 전국 여기저기에 망한 놀이동산들이 지금도 열려 있어서 아마추어 사진사들의 출사지로 사랑받는 곳들이 꽤 있다. 서울 망우동의 용마랜드, 창원의 파크랜드, 시흥의 마린월드 같은 곳들이 그곳이다. 예전에 사람이 들끓던 테마파크가 인적이 끊긴 폐허가 되자 초현실적인 모습으로 다시 나타났기 때문에 인기를 끄는 것이다. 아인스월드는 세계의 유명 건축물들을 모아 놓은 곳인데 폐허가 돼 있으니 마치 3차대전이라도 벌어져서 인류가 멸망한 이후의 썰렁한 세계를 보여 주는 듯한 초현실성도 있다. 그것은 아파트로 가득 찬 도시 공간에 난 블랙홀 같은 곳이다.

경기도 부천시, 2004

경기도 부천시, 2003

경기도 부촌시, 2004

경기도 부천시, 2021

경기도 부천시, 2021

경기도 부천시, 2021

라일락마을

2307

글씨의 제국

한국의 간판들은 요란한 글씨로 돼 있지만 한국 사람들은 그것을 썩 좋아하지 않는다. 그 글씨 덕에 아픈 이를 참고 치과를 쉽게 찾고 찜질방을 쉽게 찾아 피곤한 몸을 쉬지만 그 글씨를 좋아하지는 않는 것이다. 그 글씨들을 좋아하는 것은 유럽에서 온 여행자들이다. 그것도 그 글씨를 읽을 줄 모르는 여행자들이 좋아한다. 그들은 한국의 요란한 간판이 삶의 역동성을 나타내고, 유럽에서는 볼 수 없는 독특하고 이질적인 문화를 보여 준다고 좋아한다. 그러나 만일 유럽의 길거리를 그런 간판들이 뒤덮는다면 그들도 좋아하지 않을 것이다. 한국의 간판은 누구도 좋아하지 않지만 그것을 흥미롭게 보도록 만드는 것은 여행이라는 거리두기의 체험이다. 유럽 사람들은 '여행객인 한에서만' 한국의 간판을 좋아하는 것이다. 나는 사진 찍기라는 여행을 통해 일상의 간판들로부터 거리를 둔다. 그래서 요란하고 눈에 거슬린다는 편견은 잠시 괄호 속에 놓아두고, 도대체 그 성격은 무엇인가 탐색해 보기로 한다.

한국 문화가 글씨를 좋아하는 특성을 보이는 것은 분명하다. 다른 문화권에도 글을 좋아하는 문명은 많다. 학위 논문은 항상 글로 되어 있지 온통 그림과 도표로만 돼 있는 논문이란 없다. 글이야말로 이미지에 비해 명확하고 명증한 의미를 전달하는 매체라는 믿음이 오랫동안 전해져 내려왔기 때문이다. 각종 증명서가 글 위주로 되어 있는 것도 같은 이치이다. 시각적인 이미지에 대한 텍스트의 우위는 근대의 중요한 현상 중의 하나이다. 그러나 '글'이 아니라 '글씨'에 대해 말하자면, 한국처럼 글씨를 좋아하는 문명은 별로 없다.

한국이나 중국이 요란한 글씨를 좋아하는 이유는 아마도 서예의 전통이 남아 있기 때문이 아닐까 싶다. 글과 그림이 함께 있는 문인화 전통에서 글씨는 문화를 향유하고 드러내는 한 방식이었다. 또한 지배 계층이 자신의 위세를 표현하는 기제이기도 했다. 궁궐이나 대문의 현판은 물론이고 절에 쓰인, 몇 포인트인지 따지기도 힘들 정도로 큰 글씨들을 보면 우리는 옛날부터 글씨로 위세를 드러내는 문명 속에서 살아왔던 것이다.

문제는 기호가 넘쳐나는 21세기의 사회에서는 그런 글씨의 위세가 다른 기호들과 충돌을 일으킨다는 것이다. 큰 글씨는 그것이 달린 건물들과 충동을 일으킨다. 그런데 어찌 된 노릇인지 한국에서는 글씨가 건물을 뒤덮고 질식시켜도 아무도 아무 말도 못 할 정도로 글씨의 위세는 대단하다. 시끄러운 길거리에서 대화하려면 목소리를 높여야 하듯이, 한국 길거리의 글씨들은 경쟁적으로 그 폰트가 커지고, 글씨체는 멋대가리 없이 눈에만 잘 띄는 고딕체로 되어 버렸다. 거기에는 욕망의 구조가 있는데, 그것은 인간의 욕망이 아니라 글씨의 욕망이다.

도시 공간이라는 곳이 각종 규제가 많은 곳이고, 그런 규제와 규제를 피하려는 회피 전략들 사이에 다양한 교전이 벌어지는 곳이다. 규제는 교통 규칙같이 안전과 생명과 연관된 중요한 것도 있고, 간판 글씨의 크기나 개수의 규제같이 심미적이고 상징적인 차원의 것도 있다. 교통 규칙은 지키지 않으면 막대한 피해가 나기 때문에 서로 조심해서 규제를 따르는 편이다. 그러나 간판 글씨에 대한 규제는 누구도 따르지 않는다. 간판의 크기나 개수에 엄연히 한계가 있는데도 말이다. 글씨의 욕망은 어떤 규제도 초월한다. 사람들은 요란하고 촌스런 간판 글씨가 보기 흉하다고 하면서도 막상 자신이 가게를 열면 그런 식으로 간판을 해서 단다. 간판 글씨는 금지되어 있지만 막상 안 하려고 보니 피할 수 없는 기묘한 욕망의 기표 같은 것이다. 피하려고 해도 자꾸 달려드는 이상한 기표이다. 한국을 방문하는 서구의 관광객은 글씨를 둘러싼 그런 기묘한 욕망의 구조를 흥미로워하는 것이다. 그 구조를 그대로 놔두고 또 다른 관광거리로 만들어야 할까, 아니면 청계천 변처럼 글씨들의 크기를 강제로 줄이고 글자체를 제한하여 유럽의 간판처럼 작은 글씨로 만들어야 할까.

부산시 영도구, 2023

다른 말 없이 당당하게 '도시'라고만 쓰여 있는 부산
영도의 아파트. 미사여구를 넣어서 OO도시라고 하는
것이 상식이건만 이 아파트는 아무런 수식어도 없이
오로지 '도시'라고만 써 놓은 모습이 너무나 강렬할
정도로 특이하다. 아파트 이름들이 비상식적으로
길어지고 있는 요즘 귀감이 되는 훌륭한 아파트 이름이다.

간판과 전깃줄로 뒤얽힌 도시의 골목 풍경은 결코 쾌적하거나 사랑스러운 모습은 아니다. 그렇다고 여기가 무슨 저질스럽고 이상한 사람들이 살아가는 공간도 아니다. 우리가 매일같이 밥 먹고 사람 만나고 머리하러 다니는 삶의 공간이다. 누구도 이런 풍경이 이상적인 도시의 모습이라고 하지는 않을 것이다. 그렇다고 사람들이 이런 공간에 대해 끙끙대고 괴로워하며 억지로 살아가느냐 하면 그런 것도 아니다. 사람들은 공간을 나름대로 소화하는 도구와 방법이 있기 때문에 살아간다. 사람마다 그 도구와 방법이 다를 것이기 때문에 일일이 열거할 수는 없으나 내가 사용하는 도구와 방법은 망원렌즈로 멀리서 보기다.

무섭고 위험한 동물도 동물원에서 거리를 두고 보면 즐길 거리가 되듯이, 나는 망원렌즈를 통해 멀리서 들여다보면서 저 골목을 마치 남의 공간인 것처럼 바라볼 수 있게 된다. 나에게 망원렌즈는 소격효과를 위한 도구이다. 참여하지는 않고 바라만 보는 것이다. 사람마다 다른 도구를 가지고 도시를 살아간다. 트럭 행상은 스피커를, 배달부는 오토바이를, 경찰관은 검은색 안경을, 초등학생은 스쿨존을 가지고 있다. 망원렌즈는 소리를 내거나 다른 사람의 행동에 영향을 주지 않은 채 도시에 살아갈 수 있게 해 준다. 사람들이 살아가는 공간을 멀리서 관음증적으로 바라봐서 약간 마음에 걸리기는 하지만 어차피 저 혼란상에 몸과 마음을 다 노출시켰다가는 온전히 살아남기 힘들다.

경기도 수원시, 2004

수원에는 팔달문과 장안문이라는 거대하고 멋진 문이 있다. 1794년에 세워진 팔달문은 현재 보물로 지정돼 있으며 1398년에 지어진 서울의 남대문과 같은 양식과 크기로 지어진, 위풍당당한 문화재다. 하지만 21세기의 도시는 그런 사정을 그냥 내버려 두지 않는다. 문화재건 역사건 다 간판으로 둘러싸서 동격의 기표로 전락시켜 버린다. 사실 팔달문 자체도 풍부한 기표를 가지고 있다. 기와지붕의 선은 전통 한옥의 우아한 선 그대로이고 지붕 끝 기와 마루에 온갖 동물들의 형상을 한 잡상(雜像), 문루에 그려진 도깨비 형상, 기단을 이루는 커다란 화강암 부재와 문루를 둘러싼 붉은색과 검은색의 전돌 등 실로 다양한 기표들의 집합체다.

그러나 문제는 그것들이 21세기의 인간들에게 멋진 옛날 유물 이상의 의미를 가지고 있지 않다는 점이다. 과거에는 방어용이면서 도시의 경계를 이루는 중요한 시설이었던 팔달문은 21세기의 도시에서는 제 기능을 잃고 텅 빈 기표로만 서 있을 뿐이다. 그래서 21세기의 기표들과 18세기의 기표들이 마구 뒤섞인다. 이 사진을 찍은 것이 2007년이니까 지금 가면 간판의 글씨들과 디자인도 다 변했을 것이다. 결국은 이 사진 속 어떤 기표도 고정돼 있지 않고 시간의 흐름에 따라 유동하는 것이었다.

경기도 수원시, 2007

아파트 상가들은 종종 일단 눈에 잘
띄게 큰 글씨로 간판을 설치하고
같은 내용을 층별로 집약 정리해서
작은 글씨로 쓴 간판을 하나 더 둔다.
최선의 시지각을 위한 배려인지는
모르겠으나 액자 속의 액자처럼 간판
속의 간판이 이채롭다.

서울시 송파구, 2014

중국은 급속히 서구화하고 있지만 그래도 여전히 중국을
여행할 만한 이유는 중국이 허술한 뒷모습을 숨기지 않기
때문이다. 사람 얼굴이건 건물이건 겉모습을 꾸미는 데
엄청난 열정을 쏟는 자본주의의 습성이 아직은 덜 들어서
그런 것 같다. 사물의 표리가 다름을 아름다움의 판타지로
완벽하게 은폐해 버리는 고도 자본주의와는 달리, 후발주자인
중국은 아직은 그렇게 세련되게 뒷모습을 가릴 줄 모른다.

중국 선양시, 2005

선양의 동북대학 근처에서 찍은 이 사진들이 그런 모습이다. 서울이건 뉴욕이건 도쿄건 자본주의 도시들은 간판 뒤가 보이지 않도록 가리든지 더 가공하든지 한다. 그것은 마치 길거리를 걸을 때 뒤춤으로 속옷이 보이지 않도록 하는 것과 마찬가지다. 그 결과 우리는 자본주의의 화려한 영화만을 볼 뿐이다. 브레히트가 "한 장의 사진으로 크루프 공장의 현실을 보여 줄 수 없다"고 했듯이, 우리는 하나의 세븐일레븐 간판 뒤에 있는 자본과 노동과 성 사이에 지저분하게 얽힌 모순을 볼 길이 없다. 그러나 중국은 그런 것들을 다 보여 준다. 그런 숨겨지지 않은 모습을 보는 것이 중국 여행의 재미였다. 어떤 기계든지 뜯어서 속을 들여다봐야 직성이 풀리는 나에게 중국은 속의 구조를 스스로 훤히 보여 주는 재미있는 기계다.

중국 칭다오, 2009

중국 선양시, 2005

说几点,就几点到!
UPS全球限时递送,为您的业务
分秒必争!

이상하게도 이 글씨가 참 허망하다고 느껴졌다. 멀리서도 볼 수 있게 아주 커다란 글씨로 하늘을 향해 LPG라고 쓰여 있는데 뒤에서 보면 얼기설기 간판의 구조가 보이니 뭔가 허를 찔리운 모습이다.

로스앤젤레스를 상징하는 산꼭대기의 유명한 'HOLYWOOD'라는 글씨의 뒷면을 어느 사진가가 찍었는데 화려한 도시의 상징인 그 글씨의 뒷면은 조잡한 합판으로 엉성하게 만든 것이어서 흥미롭고 서글펐던 생각이 났다. 할리우드든 LPG든 글씨의 물질성이 두드러지면 질수록 글씨는 그것이 표상하게 돼 있는 실제의 사물과는 상관없다는 사실이 드러날 뿐이다.

경기도 부천시, 2014

LPG 즉 액화석유가스(Liquefied Petroleum Gas)라는 물질의 실체와 이 간판을 이루는 합판과 쇠기둥, 조명 장치는 아무런 관련이 없다. 즉 LPG를 아무리 화학적으로 정제하고 처리해도 LPG라는 글씨가 되지는 않는다. 글씨는 그냥 텅 빈 기표일 뿐이다. 하늘을 배경으로 서 있는 이 글씨가 강렬하면 할수록 텅 빈 기표가 더 허망해졌다.

그래도 사람들은 멀리서부터 이 글씨를 보고 달려와서 목마른 짐승이 숲속의 샘터에서 허겁지겁 물을 들이켜듯이 빈 연료 탱크를 채울 것이다. LPG 간판은 허망한 기표지만 뭔가 실질적인 기능을 하는 기표다.

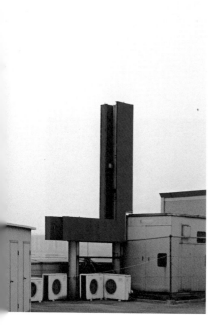

경상북도 봉화군은 서울의 두 배
면적에 3만 명이 사는 지역이다.
1966년에는 12만 명이었던 인구가
지금은 3만여 명으로 줄었고
특산물이래 봐야 한우와 자연산
송이버섯과 사과 정도인 곳이다.
군청이 있는 읍내도 손바닥만
해서 때 묻지 않은 자연 빼고는
별로 볼 것이 없는 곳이기도 하다.
즉 봉화는 전시적인 곳은 아니다.
전시적이란 도시의 건물이나 간판,
오가는 사람들의 패션 등 눈길을
끄는 스펙터클이 많음을 의미하는데
봉화에는 그런 것들이 없으니
전시적이지 않다고 하는 것이다.

그런 봉화에 있는 이 주유소는 대단히
전시적이어서 아이러니하다. 다른
모든 주유소에 있는 기름값 표시야
그렇다고 쳐도, 주렁주렁 걸려 있는
고무호스들 하며, 왼편에 한 벌 더
있는 기름값 표시 등, 전시물로 가득
찬 곳이다. 이 세상 모든 사물들은
겉으로 드러나 있는 한 누군가의
눈에 띄게 돼 있고 보는 이의 심상에
뭔가 반향을 일으키게 돼 있으므로
전시적이라고 할 수 있는데, 봉화의
이 주유소는 별로 전시적이지 않은
고장에서 홀로 고고히 전시석이어서
매우 돋보인다.

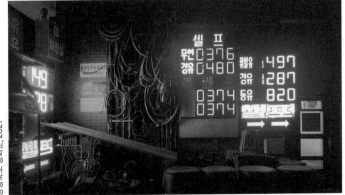

경상북도 봉화군, 2021

경기도 연천은 한반도의 중심쯤 되는 곳이다. 공식적인 중심은 강원도 양구군이라고 하는데 이 사진을 찍은 지점은 거기서 80킬로미터 떨어져 있으니 중심에서 아주 먼 것은 아니다. 그런데 지리적으로 보면 중심보다는 끝이 좀 더 매력적으로 다가온다. 뭔가 이 세상이 끝나는 지점에 서 있는 듯한 막막함이 온갖 복잡한 감회를 불러일으킨다. 해남의 땅끝마을은 한반도의 최남단이라고 하지만 그 아래로 한국 땅이 없는 것은 아니다. 섬도 엄연히 한국의 영토니 말이다. 결국 끝은 상대적인 말일 뿐이다.

끝나는 곳에서 다시 시작하고 뱅뱅 돌아서 다시 제자리로 오니 말이다. 보통 고속도로에 진입하기 전 마지막 주유소라는 간판들은 많지만 이 사진에 나오는 끝주유소라는 간판은 남한 땅을 떠나기 전의 끝이라서 좀 비장한 맛이 들기는 한다. DMZ 너머의 북한에도 주유소는 있지 않을까? 남북이 통일되면 저 간판은 사라지겠지.

경기도 연천군, 2012

어느 아파트 공사 현장은 영락없이 바벨탑을 연상시킨다.
시커먼 구조물이 말없이 서 있는 모습은 브뤼헐의 그림에
나오는 바벨탑을 꼭 닮았다. 21세기의 인간은 정말로 하늘에
닿고 싶은지, 아파트도 교회도 끝없이 위로만 올라간다.
실제로 강남구에 있는 어느 초고층 주상복합 아파트는
브뤼헐의 그림에 나오는 바벨탑처럼 구름이 건물 중턱에
걸리는 적도 있다. 오늘날 공사 현장에는 여러 나라말이
쓰이고 있다. 하느님이 정말로 언어를 섞어 놓으신 걸까?

인천시 연수구, 2007

투수가 세 가지 복잡한 경로를 따라 공을 던진다. 그는 포수와 타자, 글씨들을 향해 공을 던지고 있다. 프로 운동선수는 돈을 벌어야 하는 직업인이고 그에게 돈을 주는 것이 저 글씨의 주인인 기업들이니 투수는 기업들 마음에 맞게 공을 던져야 한다. 기업들은 가구 회사, 홍삼 회사, 치킨 회사, 은행 등 다양해서, 타자의 버릇에 맞춰서 직구, 슬라이더, 커브, 포크볼 등 다양한 구질을 구사하듯이 다른 분위기의 공을 던져야 한다.

어떤 때는 강직한 영웅이 돼야 하고 어떤 때는 간교한 속임수를 잘 써야 하고 어떤 때는 상대에게 굴복도 해야 한다. 세상을 움직이는 것은 결국은 글씨의 힘이기 때문에 제아무리 빠르고 강한 공을 던지는 투수라고 할지라도 글씨의 입맛에 맞게 공을 던져야 한다는 사실은 부인할 수 없을 것이다. 투수는 구위(球威)로 타자를 압도해야 이길 수 있는데, 글씨의 위력 앞에서는 어쩔 수 없는 모양이다.

인천시 미추홀구, 2010

삭막미

도시는 사람이 만들었지만 그 도시는 또한 사람을 버린다. 사람이
편하자고 만든 구조물이 괴물로 다가오고, 쉽게 알아보자고 만든 것
이 알아보기 어렵게 다가온다. 인간이 만든 것이 인간에게 도로 카
운터펀치를 먹이는 그 역설에 도시의 삭막함이 있다. 즉 그것은 도
시가 인간성 실현의 장소가 아니라 그 반대로 인간성 소외의 장소
가 되는 경우이다. 그래서 마치 신에게서조차 버림받은 듯 마구
내팽개쳐지고 달려들고 짓누르는 풍경이 나타난다. 삭막미란 그
런 풍경의 특징을 나타내는 미적 범주이다. 아름다울 '美'자를
넣긴 했지만 정말 아름답다기보다는 워낙 삭막하다 보니까 어처
구니없는 감각의 숭고미로 다가오는 것이 삭막미이다. 즉 너무
나 삭막해서 차라리 어떤 감흥을 불러일으키는 것이다. 산업사
회의 기관(奇觀)이 가진 엽기적인 아름다움, 그것이 삭막미다.
좋다, 어디까지 삭막해질 수 있나 보자는 심정으로 나는 저 우
중충한 풍경에 망원렌즈를 들이댔다. 이것은 사진 기록으로 남
겨서 나중에 볼 수 있도록 한다거나 무엇을 표현해 보자는 것
이 아니라 답답한 저 풍경에 사진으로 맞서 보자는 것이다. 사
진은 삭막미로 무장한 채 달려드는 열차와, 그것을 엄호하는
철 구조물에 대한 대응 사격이다. 무엇으로든 자신을 보호하
지 않으면 내가 삭막미의 희생자가 될 것 같아서이다.

인천시 중구, 2004

서울시 중구, 2004

서울시 용산구, 2008

경기도 수원시, 2009

X의 세계

도시에서 마주치는 기호들의 의미가 다 해독이 되는 것은 아니다. 어떤 것은 원래부터 난해해서, 어떤 것은 빛이 묘해서, 어떤 것은 평소에 보지 않던 관점에서 봐서, 어떤 것은 그저 그 순간이 묘해서 해독의 그물을 빠져나간다. 매일 지나다니며 보던 같은 전봇대도 기분에 따라 외계인이 타고 온 우주선으로 보일 수도 있다. 사람들은 어떤 기호가 해독이 안 되면 당혹해한다. 하지만 바로 그때가 소중한 순간이다. 목적과 기능에 묶여 있던 사물들이 족쇄를 풀어 버리고 자기 얘기를 하는 순간이기 때문이다. 요즘 신유물론이라는 철학이 대유행인데, 엄청난 얘기를 하는 것 같지만 사실 간단하다. 사물의 얘기를 듣자는 것 아닌가. 그 얘기는 다성적이고 다층적이다. 사람들이 사물을 포획해서 자신을 위해 활용해야 직성이 풀리는 얄팍한 욕망만 포기하면 사물의 얘기를 들을 수 있다. 이 책에 실린 다른 사진들에는 이것저것 의미를 부여했지만 이 섹션에 실린 사진들은 해방시켜 주기로 했다. 기호의 의미를 알 수 없다는 것은 숨 쉴 구멍이 있다는 것이기 때문이다.

서울역 앞에는 위인의 동상이 있는데 왈우 강우규 의사의
것이다. 그는 1919년 사이토 마코토 총독을 암살하려
수류탄을 던졌으나 총독은 살아남았고 다른 사람만 죽었다.
강우규는 나중에 체포되어 서대문 형무소에서 교수형에
처해졌다. 서울역 앞에 그의 동상이 있는 이유는 바로
서울역에서 그가 거사를 했기 때문이다.

안중근이 이토 히로부미를 암살한 것이 29세 때이고
윤봉길이 상하이의 홍커우 공원에서 도시락폭탄(사실은
물통폭탄)을 던져 다수의 일본인을 죽고 다치게 했을 때가
24세, 이봉창이 도쿄에서 천황을 저격하려다 실패한 것이
32세 등 독립운동기들은 대체로 젊었을 때 거사를 치렀다.

서울시 중구, 2019

그에 비하면 강우규 의사는 65세 때 거사를 치렀다. 그러나 21세기의 도시는 그런 사정을 아는지 모르는지 높은 빌딩으로 그를 둘러싸 버렸다. 역사고 의사고 빌딩 숲 그늘 속으로 사라지는 곳, 그곳이 대한민국이다. 나중에는 저 빌딩마저 사라질 텐데 그것을 기억할 사람이 누가 있을까.

중국은 옛날 것이건 요즘 것이건 독특한 기표가 넘쳐나는 곳이다. 롤랑 바르트가 일본을 가 보고서 『기호의 제국』을 썼지만, 중국을 갔더라면 『기호의 우주』 정도의 책을 쓰지 않았을까 싶다. 아마도 중국에서 가장 중요한 기표는 마오쩌둥 주석의 이미지가 아닐까 싶은데, 지금은 관광 기념품 가게에서 마오 주석 배지나 그가 쓴 레드북이 많이 팔리고 있는 형편이다. 반면, 한때는 주요 도시마다 있던 마오 주석상은 지금은 몇 개 남아 있지 않다고 한다. 사람들이 칭다오(青島)와 많이 혼동하는 사천성의 청두(城都)에 우연찮게 갈 수 있었던 것은 행운이었다. 청두의 지도를 두 번 접으면 그 접은 자국이 만나는 딱 한가운데 위치한 거대한 마오상을 본 것 자체가 대단한 경험이라 할 수 있다. 그것은 흡사 자본주의화 이전, 죽(竹)의 장막이라고 불리던 시절의 중국으로 되돌아간 느낌을 주기 때문이다. 한때는 사회주의의 길을 가리켰던 마오의 손은 이제는 자본주의적 소비의 길을 가리키고 있다. 마오의 손이 가리키는 길 끝에는 사회주의 대신 백화점과 호텔들이 늘어서 있다. 물론 그렇게 보이는 것은 마오의 손이 소비의 길을 가리키는 것으로 보이도록 위치와 앵글을 골라서 찍은 사진적 작용 때문이다.

그러나 이런 광경을 오로지 나 자신의 눈으로 발견한 것은 아니다. 프랑스의 사진가 마르크 리부가 1960년대에 찍은 마오상의 손이 가리키는 곳에는 높다란 공장 굴뚝에서 회색빛의 연기가 콸콸 쏟아져 나오고 있었다. 그 당시만 해도 공장 굴뚝에서 나오는 연기는 산업과 발전을 의미하는 것이었지만 서구에서는 회색빛의 연기는 더 이상 산업 발전이 아니라 공해를 상징하는 것이었을 뿐이다. 심각한 상황도 유머러스하게 풀어내는 마르크 리부는 마오가 가리키는 사회주의라는 것이 오늘날 전 세계의 환경을 위협하는 무서운 중국이 되리라는 것을 사진으로 예견한 것 같다. 그런 이미지가 내 머릿속에 강렬하게 남아 있다가 청두의 마오상을 보는 순간 나도 뭔가 마르크 리부처럼 사물의 의미를 비틀어 보는 사진을 찍어야겠다고 생각하게 되었다. 아니면, 굳이 내가 비틀지 않아도 마오상의 의미는 이미 자본주의 중국에서 많이 비틀려 있는지도 모른다.

중국 청두, 2004

흐드러지게 핀 벚꽃과 강감찬
장군상이 왠지 어울린다고 생각했다.
아니면 영 안 어울리든가.

경기도 수원시, 2007

미국 독립 100주년을 기념해서 1886년 프랑스가 미국에 대한 우호의 상징으로 선물한 자유의 여신상이 대한민국 경기도 안양시 동안구 평촌동의 술집거리 모텔 옥상에까지 올라오게 된 것은 기구한 여행이다. 원래 이름이 '세계를 밝히는 자유'(Liberty Enlightening the World, La liberté éclairant le monde)인 이 상이 여신으로 격상된 것도 먼 여행의 결과인 것 같다. 아마도 일본 사람들이 먼저 그런 이름을 붙인 것 같은데, 먼 거리를 여행 왔으니 여신으로 격상시켜 준 것일까. 모텔과 술집과 교회가 마구 뒤섞인 건물들의 와중에 들어서 있는 자유의 여신상의 의미는 무엇인가? 롤랑 바르트는 기호학을 적용하여 대중문화의 현상들을 많이 해석했지만 그의 분석은 대상을 맥락에서 따로 떼어 놓고 하는 식이었다.

그는 『파리 마치』(Paris Match)의 표지에 실린 사진을 분석했지만 그 잡지를 누군가가 들고 어떤 정황이나 맥락 속에 처했을 때 그 이미지가 어떻게 보일지에 대해서는 분석하지 않았다. 그런데 이미지라는 것이 진공 상태에서 보이는 적은 없다. 이미지는 항상 그것을 둘러싼 맥락과 함께 주어진다. 그것들을 다 분석하려면 '이미지 × 맥락 × 시간 × 공간 × 시선'의 주체 등으로 이어지는 다항 방정식을 풀어야 하는 복잡한 작업을 해야 할 것이다. 평촌 모텔 위의 자유의 여신상의 모습은 그러므로 해석해 내기가 어렵다. 그것을 쉽사리 대한민국의 키치적 현상이라거나 문화 제국주의라는 식으로 단정을 내리는 것은 대단히 적절치 못한 일인 것 같다.

여기가 지질 변화로 몽땅 땅속에 묻혔다가 수천 년 후에 발굴되면 그때의 인류학자는 이 기호들을 어떻게 해석할까? 절대로 해석될 수 없는 비전(秘傳)의 알레고리 혹은 파편의 수사로 해석될까? 이 풍경의 의미는 페루의 나스카평원의 알 수 없는 선이나 이스터섬의 거석군같이, 영원히 수수께끼로 남을지도 모른다. 상상해 보라. 경주에서 황룡사 터를 발굴했는데 신라시대의 것으로 추정되는 절 건물 한 켠에 시대와 메커니즘을 가늠할 수 없는 유흥 환락 장치들이 잔뜩 출토된다면 어떻게 해석할까? 신라는 타락했다고 해석할 것이다. 그렇다면 21세기의 한국은 어떠한가? 별로 좋은 해석이 내려질 것 같지는 않다. 평촌 모텔의 자유의 여신상을 해석하기 어려운 이유는 그것이 겪은 여행이 참으로 길고 복잡하기 때문이다.

론기아만 선생, 2007

뭘 쓰려면 먼저 쓴 것을 지워야 한다. 쓰는 것이 인간의
운명이라면 지우는 것도 운명이다. 결국 뭔가를 쓴다는 것은
무언가 지워짐을 의미한다. 하나의 기호가 태어나려면 다른
기호가 죽어야 하는 것이다. 그런데 지워진 자국도 지워져
버리면 지워진 줄 알 수 없게 된다. 그래도 이 세상의 많은
기호들은 지워졌음을 끝까지 외치고 있다. 한번 써 놓은
기호들은 다양한 이유로 지워진다. 쓰고 지우고 덧쓰고 하는
다중적인 과정이 기호의 다이내믹을 이룬다. 우리의 도시는
그런 기호의 다이내믹으로 가득 차 있다. 하지만 기호가 왜
지워졌는지 알 수 없는 경우도 많다.

서울 중구의 이 간판이 왜 특정한 모양으로 지워져 있는지는
알 수 없다. 아무리 유추를 해 봐도 지워진 이유를 알 수 없는,
미스터리의 지워짐이다. 이 사진을 찍은 것이 2009년이니
지금쯤은 저 간판 자체가 다른 것으로 교체돼 있을 것 같다.
그러면 저 간판에 뭔가를 그리고 또 지우고 한 다이내믹
자체도 사라져 있을 것이다. 어차피 한국의 도시에서
오래가는 것은 없으니까 그런 사라짐이 이상하지는 않다.

02) 393 - 7382

서울시 중구, 2009

이 사진에서 때려죽이려는 대상이 지워진 이유를 몇 가지 추정해 볼 수 있다. 하나는 지워진 글씨가 있던 자리에 창을 내야 해서다. 글씨가 정말로 중요한 것이라면 창을 다른 곳에 내든지 할 텐데 별로 중요하지도 않고 시대 분위기에도 맞지 않으니 그냥 그 자리에 창을 낸 것이라고 추정해 볼 수 있다. 둘째 이유는 반공 시대에 쓴 문구인데 지금은 때려죽이기보다는 대화와 협상을 해야 하는 시대이니 때려죽여야 할 대상을 지워 버린 것이다.

1970, 80년대에는 누군가를 때려죽이자는 것은 사회적 합의였다. 그런데 지금은 그런 사회적 합의가 없어졌으므로 글씨도 효력을 잃어버린 것이다. 그렇다면 때려죽여야 할 대상만 지울 것이 아니라 '을 때려죽이자'는 끔찍한 말도 지웠어야 할 텐데 그냥 놔둔 것은 그래도 아직 우리 사회에는 때려죽여야 하는 누군가가 남아 있기 때문인지도 모른다. 아니면, 벽에 흰 칠이 덧칠해져 있는데 글씨 부근은 피해서 덧칠한 것을 보면 아무리 시대가 변해도 때려죽여야 할 대상은 있기 때문인 것 같다. 무안의 군민들은 과연 누구를 때려죽이고 싶었던 것인지 정말로 궁금하다.

전라남도 무안군, 2021

동글동글 둥글둥글 노랑노랑…
크고 작고 노랗고 회색이고
나무색이고 붙어 있고 떨어져
있고 줄 서 있고 뭉쳐 있고…. 공업
규격품으로 균일하게 만들어진
산업용 전선이지만 앉아 있는 자세와
태도와 관계와 느낌은 참으로 서로
이질적이고 참조적이면서 대조적인
리듬을 이루고 있다.

이 작은 세계 속에 인간세계의
미니어처가 들어 있는 것 같다. 하긴
인간세계란 그것을 닮은 수많은
모방품들을 가득 채워 놓고 다시 그
모방품을 닮으려고 애쓰면서 해가
뜨고 지는 곳이니 말이다.

광링 안양시, 2007

세운상가는 건축가 김수근이 1968년도에 도시 유토피아를
꿈꾸고 설계해서 세운 독특한 건축물이자 도시 구조물이다.
인공녹지, 옥상정원, 보행자몰, 공중보도 등 선진적 요소들을
도입하여 당시로서는 최첨단의 건축물이었던 세운상가가
단순히 건축물에 그치지 않는 이유는 종로에서부터 청계천과
을지로를 지나 퇴계로를 가로지르며 동서로 나 있는
길거리들을 남북으로 종단하여 연결하는 구조로 되어 있기
때문이다. 즉 세운상가는 각각 성격과 기능이 다른 거리들을
하나로 엮는 독특한 통일의 기능을 꿈꾼 건축물이었다.
전 세계에서도 유례가 없는 이런 구조는 아마도 서울
전체를 하나로 통하는 유기적으로 연결된 구조로 만들어
보자는 생각에서 나온 것 같다. 어쨌든 그런 생각은 이제는
폐기되었고, 나름의 도시 파라다이스였던 세운상가는 이제는
철거되어 시민공원으로 탈바꿈할 처지에 놓이게 되었다.
물론 재개발이 일어나는 지역은 어디나 그렇듯이 아직도
세운상가에는 각종 점포들과 사무실들이 빽빽이 들어차
있으며, '대책 없는 철거반대' 등 붉은 글씨의 현수막이
스산하게 붙어 있다. 적어도 겉으로 보이는 세운상가는
이제는 낡아 버린 유토피아의 패러다임처럼 비좁고
지저분하며, 그 안의 업체들은 영세하여 뭔가 정비가 필요한
것처럼 보인다.

그러나 세운상가의 속으로 들어가 보면 전혀 다른 세계가
펼쳐진다. 안에는 모든 층을 수직으로 관통하는 매우 넓은
로비이자 광장이 있으며, 그 바닥에는 도끼다시가 깔려 있는데,
복잡하고 지저분한 세운상가 주변의 골목길과는 달리 매우
깨끗하고 밝다. 도끼다시에 비치는 빛은 오늘날 빌딩에 쓰는 고급
대리석이나 화강석 바닥재에 비치는 빛과는 달리 뭔가 포근한
느낌이 난다. 2단으로 되어 있는 나무 난간도 매우 깔끔하며,
독특한 구조미를 보여 주고 있다. 그리고 우중충할 것이라는
예상과는 달리, 세운상가의 내부 공간은 창으로 많은 빛이 쏟아져
들어와 충분히 밝은 느낌을 주고 있다.

그제서야 알았다. 이래서 세운상가를 보존해야 하는구나. 도시에 수많은 건물들이 있지만 입구이자 상징적 광장 역할을 하는 로비는 대개는 지나치게 럭셔리하거나 위압적일 뿐이지 적절한 공간미를 보여 주는 경우가 없다. 호텔의 로비는 지나치게 럭셔리하며, 대기업 빌딩의 로비는 위압적이며 관공서의 로비는 갖가지 정책 구호와 어울리지 않는 동양화 등을 걸어 놓아 촌스러우면서도 위압적이다. 세운상가의 로비는 아래와 위가 통해 있는 느낌이 시원하다. 그것은 매우 적절한 공간이다. 얼핏 보면 죽은 공간 같지만 빛이 살아 숨 쉬는 공간이다. 세운상가 건물은 1970년대가 우리에게 보여 줄 수 있는 최선이다. 그것은 흉측한 포스트모더니즘이 나타나기 전에 조신하게 자신을 갈고닦던 근대의 모습이다. 이제 세운상가를 잃으면 우리는 근대로부터 배울 수 있는 마지막 교훈을 잃는 셈이다.❶

❶ 현재 세운상가는 논란의 건물이다. 1987년에 용산전자상가가 생기면서 기존의 전자 상가는 다 사라졌으며, 그 자리를 채운 것은 카페와 갤러리 등 새로운 세대들에게 어필하는 시설들이다. 그러다 보니 한 건물 안에 세대 차가 나는 다양한 시설들이 들어서게 됐다. 서울시장이 바뀌면서 철거와 보존 사이를 왔다 갔다 했으며 건물이 너무 낡아서 2014년의 안전진단에서 D등급을 받았다. 2022년 오세훈 서울시장은 세운상가 건물을 다 허물고 그 자리에 녹지생태도심공원을 만들겠다고 발표했다. 그러나 세운상가에 입주해 있는 업체들이 여전히 많고, 많은 예산이 드는 일이어서 과연 세운상가가 어떤 쪽으로 갈지는 아무도 예측할 수 없는 상태다.

대구에 있었던 이 건물은 마징가 제트를 닮은 파사드로 인해 무척이나 강한 인상을 준다. 어떤 나이트의 사장님이 어떤 건축가에게 맡겨서 이런 희한한 건축물이 나오게 됐는지 궁금하지만 이런 건물들에는 기록이 없기 때문에 알 길이 없다. 이 건물은 몇 년 있다가 교회가 됐다가 그것도 완전히 허물어져서 지금은 대구역경남센트로아파트가 들어섰다. 참으로 극적인 변전이 아닐 수 없다. 이 건물 주변에는 대구의 유명한 사창가였던 자갈마당이 있었다가 지금은 그 자리가 재개발돼서 달성파크푸르지오힐스테이트가 됐고 그 근처에 있던 연초제조창 건물은 리모델링 돼서 대구예술발전소가 됐다.

북성공구골목, 북성로연탄불고기골목, 오토바이골목 등 대구에서만 볼 수 있었던 정겹고 독특한 골목들이 올망졸망 있던 달성공원 근처의 주택들과 옛날 아파트들은 다 재개발되어 새로운 아파트가 됐다. 아마 가장 도시 풍경이 급격하게 변한 곳이 대구가 아닐까 싶다. 대구도 초조한 곳이다.

대구시 중구, 2012

2장
밀도와 고도

1970년대 말 광화문 네거리에 교보빌딩이 지어지고 있었을 때 (교보문고는 1981년에 개점) 언론에서는 그 건물이 북한산-북악산-경복궁-광화문-정부종합청사-미국대사관으로 이어지는 서울의 주요한 스카이라인을 망친다고 큰 우려를 했다. 즉 1970년대까지만 해도 도시계획에서 조화로운 선으로 이어진 스카이라인이라는 것이 중요한 요소로 등장했던 것이다. 그것은 빌딩들의 높이가 전통적인 스카이라인의 지배자인 서울 시내의 산들(북한산은 물론이고 인왕산, 북악산, 남산)보다 훨씬 낮았던 시절의 얘기다. 1985년 여의도에 63빌딩이 생기면서 마천루(摩天樓, skyscraper, 하늘을 북북 긋는 건물이라는 뜻)가 하늘에 제멋대로 드로잉을 그려 버리자 하늘이란 그저 빌딩을 위한 도화지로 전락하고 말았다. 그러면서 스카이라인이라는 말은 쑥 들어가고 말았다. 이미 63빌딩이 푹 찔러서 파열돼 버린 그 공간을 다시는 복원할 수 없었기 때문이다. 그러면서 르코르뷔지에가 꿈꿨던 것과 같은 근대적 질서의 구현체로서의 도시는 물질과 정보와 감각이 여러 겹으로 마구 겹치는 포스트모던한 도시의 상에 밀려 사라져 버리고 말았다. 여기저기서 100층짜리 건물을 짓겠다고 하는 요즘에 와서 만약 누군가가 '스카이라인을 망치니 그런 건물은 지어서는 안 된다'고 주장하면 '전기가 대기 중의 습기를 빨아들여 가뭄이 오니 노면전차를 철거해야 한다'는 구한말의 주장처럼 촌스럽고 시대착오적으로 들릴 것이다.

그런데 사실 교보빌딩이나 63빌딩이 서울의 스카이라인을 쭉 째 버리기 훨씬 이전부터 서울의 도시는 르코르뷔지에가 꿈꿨던 그런 정연한 질서로 되어 있지는 않았다. 흡사 자연의 생태계처럼, 도시에는 다양한 숨구멍들이 나 있었고, 그것들은 생태학에서 말하는 틈새(niche)처럼, 다양한 종들이 서로 다른 습성을 가지고도 공존할 수 있게 다양한 자리들을 마련해 놓고 있었던 것이다. 그 자리란 거대한 빌딩에서부터 건물 한 모퉁이에 세 들어 있는 김치찌갯집, 그리고 보도 한구석에 있는 군밤 노점까지, 다양한 크기와 위치와 힘을 가지고 있다. 그런데 그런 위치와 힘이 작다고 해서 무시할 수 없는 것이, 어느 길 모퉁이에 군밤 장수가 하나 있는 것은 없을 때와 많은 차이를 만들어 낸다. 행정의 시선으로 보면 군밤 장수 노점은 불법으로 도시의 공간을 점거하고 있는 것이고 철거의 대상이지만, 추운 거리를 걷는 시민의 입장에서 보면 오로지 기능만 있는 삭막한 도시에 인간미라는 점을 찍어 도시의 분위기와 맥락을 바꾸는 중요한 역할을 하는 것이다. 군밤 장수는 자신의 구석에 매일매일 도시의 의미를 쓰고 있는 것이다. 따라서 아무런 의미도 만들어 내지 못하고 도시의 부속품이나 소비자로만 존재할 것 같은 많은 개인들은 매일매일의 사소한 행위 속에서 도시의 의미를 쓰고 있다. 즉 도시의 의미를 쓰는 사람은 시장이나 도시계획가, 정책 입안자, 개발업자 같은 큰 힘들만이 아니라, 도시의 여러 숨구멍에 들어가 나름의 자리를 차지하고 있는 무수한 개미들이다.

멀리, 높이서 보면 그 개미들은 보이지 않는다. 런던이건 뉴욕이건 서울이건, 대단히 이질적인 밀도와 고도와 온도와 속도의 집적체인 도시의 전체적인 인상을 보고 혼란스럽다고 생각하지 않는 사람은 없을 것이다. 어떤 도시에 처음 오는 관광객이 도시의 그런 혼란 속에 길을 잃어버리고 안 좋은 경험이라도 하게 되면 다시는 그 도시에 또 오고 싶어지지 않을 것이다. 파리의 에펠탑이나 토론토의 CN타워, 뉴욕의 엠파이어 스테이트 빌딩 등 전 세계의 거대도시에 하나쯤 있는 전망 타워들은 도시의 혼란과 위험을 직접 겪지 않으면서 짧은 시간 안에 도시 전체를 훑어보고 싶어 하는 관광객들에게 도시를 간접 체험할 수 있게 해 준다. 그러면서 마치 고지에 올라선 군대의 지휘관이 된 듯 자신이 도시를 통째로 관장할 수 있다는 가상의 쾌감을 가져다준다. 그런 경험을 위해 엠파이어 스테이트 빌딩 전망대에 올라가는 요금 44달러나 에펠탑에 올라가는 요금 28.3유로, CN타워 전망대 요금 43달러(공교롭게 셋 다 요금이 비슷하다. 탑 꼭대기에서 도시를 보는 것은 어차피 비슷하다고 생각들 하나 보다)은 별로 비싼 것이 아니다. 거기서 볼 수 있는 광경은 하나의 질서정연한 구조로서의 도시이다. 그러나 타워의 전망대에서 일망무제의 도시를 일별하고 나서 거리로 내려오면 관광객을 기다리고 있는 것은 인파와 소음과 소매치기와 교통사고로 가득 찬 혼돈의 길거리이다.

이 세상 어느 도시도 컨베이어벨트가 돌아가는 공장처럼 일관 생산 체제로 되어 있지 않다. 그런 도시의 모습을 보려면 좀 특수한 시선의 준비가 필요하다. 그것은 체험과 관찰 중간쯤에 있는 시선을 요구한다.

‘초조한 도시’는 망원렌즈의 눈으로 도시를 재구성해서 본다. 그것은 수사법으로 치면 과장법인데, ‘빌딩들이 많다’고 말하는 식이 아니라, ‘빌딩들이 진짜로 너무 많아서 숨이 콱 막혀 죽을 것만 같다’고 말하는 식이다. 그런데 이 세상은 항상 객관적인 중립으로 되어 있지 않고, 언제나 어느 쪽으론가 치우쳐 있으므로, 과장식 수사법은 어떤 면은 놓치게 되지만 또 다른 면은 확실하게 보여 준다. ‘초조한 도시’가 과장해서 보여 주는 것은 도시의 밀도와 고도, 그것들이 교차해서 나타나는 리듬감, 나아가 도시의 위태로운 에너지이다. 이대로 가다가는 언젠가 다 폭발해서 모두가 분해돼 버릴 것 같은 그런 에너지 말이다. 만일 저 빌딩들이 한꺼번에 9.11테러 같은 일을 당한다면… 만약 저 많은 차들이 일시에 멈춰 버린다면…. 이런 일이 생기는 것도 위험하지만, 그런 일이 생기지 않게 막아 주는 힘도 왠지 위험한 것이 아닌가 싶다. 엄청난 양의 전기와 엄청난 양의 연료, 엄청난 양의 음식과 공기, 나아가 엄청난 양의 데이터와 정보들… 도시는 바야흐로 폭발 일보 직전에 있는 것 같다. 1995년의 대구지하철공사 가스 폭발 사고처럼 아주 드물게 도시가 실제로 폭발하기는 하지만 우리가 그런 위험을 항상 느끼며 초조하게 살지는 않는다. 하지만 그런 폭발의 수사법은 우리의 뇌와 시선을 항상 채우고 있는 것 같다. 마치 도시에 사는 사람의 원죄 의식처럼, 우리는 도시가 언젠가는 붕괴하지 않을까 하는 두려움을 애써 피하며 살고 있다. ‘초조한 도시’는 그런 태도를 망원렌즈의 과장된 수사법으로 시뮬레이션해 보는 작업이다.

밀도의 사물들

이영준의 밀도 이론에 따르면 이 세상에는 두 가지 밀도가 있다. 하나는 단일한 밀도다. 단일한 물건들이 빽빽이 있는 경우다. 한국의 아파트들이 그렇다. 군인들이 모여 있는 것도 단일한 밀도를 이룬다. 단일한 밀도는 시각적으로 단순해 보인다. 두 번째의 밀도는 이질성의 밀도다. 수많은 다양한 사물들이 빽빽이 있는 경우다. 책방에 꽂혀 있는 책들, 걸거리에 모여 있는 사람들, 도로를 메우고 있는 차량들, 도시를 이루는 다양한 건물들이 그것이다. 둘 중 어느 것이 더 낫다고 말할 수는 없다. 같은 규격과 질을 가진 상품들이 쌓여 있는 것은 단일한 밀도를 이룬다. 스케일을 사회로 넓히면 이질성의 밀도로 가득 차 있다. 사회는 단일한 밀도와 이질성의 밀도가 서로 활발하게 교차하는 곳이다.

밀도의 양상도 다양하다. 건물의 밀도가 있고 사람의 밀도가 있는가 하면 산업의 밀도도 있다. 살아서의 밀도가 있고 죽어서의 밀도가 있다. 서울의 밀도도 대단하지만 부산의 밀도도 만만치 않다. 교회의 밀도도 대단히 높다. 건물의 밀도가 너무 높아지는 것을 막기 위해 용적율과 건폐율이라는 것이 있는 반면 사람의 밀도에는 아무런 규칙이 없다가 코로나 때문에 엄격해졌다. 밀도는 고정된 값이 아니라 시간이라는 축이 더해진다. 밀도는 끊임없이 변하며 살아 움직이는 생물과 같다. 서울은 나날이 밀도가 높아지며 성장하는 반면 다른 지역에서는 인구가 줄어서 소멸을 걱정하고 있다. 과연 한국의 도시들에 밀도의 평형이 있을 수 있을까.

몇 가지 다른 시대의 레이어들이 건물들의 높이를 통해 나타나 있다. 야트막한 아파트들은 전부 1970년대 초부터 지어진 것들이다. 63빌딩 오른쪽 바로 옆에 보이는 것이 1971년에 지어진 한국 최초의 고층 아파트인 여의도 시범아파트, 그 옆으로 삼익아파트, 화랑아파트, 목화아파트, 대교아파트, 한양아파트, 삼부아파트, 공작아파트, 서울아파트 등 정겨운 한국말 두 글자 이름을 가진 아파트들이 비슷한 높이로 일렬로 늘어서 있다. 오늘날의 국적 불명의 긴 아파트 이름과는 확연히 차별화되는 이름들이다. 이 아파트들은 50년이 지난 지금도 건재하며 시세도 어마어마하다. 그다음 시대를 표상하는 건물은 제일 오른쪽에 있는 LG트윈타워다. 1987년 완공됐을 때의 이름은 럭키금성트윈타워였다.

사진의 왼쪽 뒤에는 그 후에 세워진 증권사 건물들이 또 다른 레이어를 형성하고 있다. 21세기에 세워진 건물들은 이들을 훨씬 압도하는 높이일 뿐 아니라, 이름도 IFC, Conrad Hotel, Park One Tower 등 모두 영어로 돼 있어서 새로운 시대의 감각을 표상하고 있다. 건물들의 여러 레이어로 인해 여의도는 한국 근대의 압축 성장을 잘 보여 주는 건축 박물관 노릇을 하고 있다. 박원순 전 서울시장은 여의도를 통째로 재개발하겠다는 계획을 발표했다가 집값이 대폭 오르는 바람에 한 달 만에 포기했다. 즉 여의도에 있는 모든 건물들의 높이를 Conrad Hotel 정도의 높이로 채우겠다는 것이었다. 그랬더라면 좋은 건축 박물관 하나가 사라질 뻔했다. 그런데 2023년 5월에 지구단위계획이 발표되어 용적률을 800퍼센트로 높여 고층 건물을 지을 수 있게 됐다. 그러면 야트막한 아파트들이 있던 자리에는 최고 70층에 달하는 마천루들이 들어서게 된다. 그 건물들이 들어서고 나면 이 사진이 유물로서 기능할 수 있을 것 같다.

서울시 영등포구, 2021

한국의 종교는 매우 재미있는 스펙터클들을 많이 만들어 내고 있다. 종교란 이 세상을 구원하고자 하는 절박한 필요에서 생긴 것이기 때문에, 어느 시대나 어느 종교나 불상에서부터 대성당, 모스크와 아라베스크 등, 회화, 건축, 음악의 여러 분야에서 구원의 이념을 표방하는 다양하고 복합적인 표상들을 만들어 낸다. 종교 예술의 형태는 시대별로, 나라별로 어느 정도 보편적인 특징과 스타일이 있지만, 종교가 만들어 내는 도시적 스펙터클은 오로지 한국에서만 볼 수 있는 독특한 현상이다. 그 스펙터클은 종교의 표상과 세속의 표상이 극도로 중첩되면서 얽혀 있기 때문에 더 흥미롭다. 강변북로 쪽의 당인리발전소(정식명칭은 서울화력발전소)에서 보면 대한민국에서 제일 큰 교회인 여의도순복음교회가 강 건너에 보이는데, 그 교회를 성벽처럼 뒤에서 받치며 보호해 주고 있는 것은 증권회사 건물들이다. 굳이 돈의 힘이 아니어도 엄청난 신자 수를 자랑하는 여의도순복음교회를 보호해 줄 것은 많아 보이는데, 증권사 건물들이 주위를 에워싸고 있는 것은 단순히 지역적인 특성 때문만은 아니다. 그것은 강 건너에서 이 건물들을 보는 시선의 문제이기도 하다.

이 사진에서는 여의도순복음교회 바로 뒤에 증권사 건물들이 도열해 있는 것으로 보이나 실제로는 '여의도순복음교회'라는 글씨에서부터 그 바로 뒤에 있는 것처럼 보이는 신한금융투자 건물까지는 700미터나 떨어져 있다. 여의도순복음교회와 증권사 건물들 사이에는 한강공원이 놓여 있다. 망원렌즈의 힘과, F9.9(디지털 카메라에서만 있을 수 있는 기이한 수치이다)로 조인 조리개 때문에 그 거리는 압축되고 앞뒤의 사물은 거리의 구분이 없이 찰싹 붙어 보이는 것이다. 그러니까 이 장면은 과장어법이다. '여의도순복음교회 바로 뒤에 신한증권이 있어요'라고 말하는 것과 같은 사진 표상 방법인 것이다. 교회와 금융이 마치 무슨 공모 관계에 있는 것처럼 보이는 것은 전적으로 사진의 힘이다.

서울시 영등포구, 2018

부산시 연제구, 2018

경기도 평택시, 2006

서울시 송파구, 2008

전라남도 광양시, 2011

경기도 안양시, 2008

경기도 안양시, 2007

살아 있을 때의 밀도와 죽고 난 후의 밀도

부산시 연제구 2018

경기도 광주시, 2008

시흥2동의 벽산아파트는 묘하게도 대부분의 동들이 서향이나 북향으로 되어 있다. 아파트 단지 자체가 그 뒤에 관악산에서 뻗어 나온 호암산을 끼고 있어서 애초에 남향으로는 지을 수가 없어서이다. 대부벽준(大斧劈皴) 기법으로 큰 도끼로 툭툭 쳐 낸 것처럼 그린 동양화의 바위처럼, 아파트들은 굵직한 양감의 바윗덩어리들처럼 하나의 장벽을 이루고 있다. 비가 많이 온 후 시계가 맑게 갠 날 금천구청 옥상에서 바라본 벽산아파트는 자연의 경관을 잃어버린 우리에게 대리 자연 혹은 유사 자연의 노릇을 하고 있다. 아무리 획일적인 아파트라고는 하지만 맑은 햇살이 아파트 각 동의 윤곽을 선명하게 드러내 주어, 그림자의 윤곽이 건물의 윤곽과 겹쳐서 흥미로운 리듬감을 만들어 내고 있다. 사진을 찍을 때는 잘 몰랐는데 300밀리미터 망원렌즈의 좁은 화각 안에 교회 십자가가 참 많이도 들어 있다.

서초역 네거리의 향나무는 아마도 서울에서 유일하게 한 그루 나무가 랜드마크가 되고 있는 경우일 것이다. 사람들은 길을 알려줄 때 "서초동 향나무에서 왼쪽으로 돌면 돼'라고 말하는 경우가 있으니 말이다. 그러면 누구나 언덕 위에 준엄하게 버티고 선 900살이 되어 가는 그 향나무의 기개를 떠올리며 절대로 길을 잃지 않을 것이라 안심한다. 그만큼 한국의 문화에서 오래된 큰 나무의 비중은 대단히 크다. 시골 마을 앞에 있는 수백 년 묵은 느티나무나 회화나무가 랜드마크도 되고 마을 사람들의 휴식처도 되고 제사 지내는 토템 역할도 하는 여러 가지 역할을 하는 것을 보면 알 수 있다. 오래 묵은 나무는 그렇게 존경을 받아왔다. 반포대교에서 예술의전당으로 가는 일직선상에 딱 걸려 있기 때문에 교통의 흐름으로 보면 베거나 다른 곳으로 옮겨야 하는데 이 향나무를 그대로 둔 것을 보면 이 나무의 신령스러움에 대한 존경심이 대단한 것을 알 수 있다. 옮기다 고사할까 봐 그대로 놔뒀는지도 모르겠지만. 어쨌든 이 향나무는 오랜 세월 자라 나온 가지가 굽이치고 퍼진 모양이 기품이 넘치고 예사롭지 않아서 쉽게 손댈 수 없을 것같이 생겼다.

그러나 그 존경심은 엉뚱한 결과를 낳고 말았다. 서울에서도 출퇴근 시간이면 가장 많은 차들이 밀려드는 서초역 네거리는 언덕 위라서 사방을 휘잡아 볼 수 있는 고지라는 점에서는 그 위에 우뚝 선 향나무에 기념비성을 부여하지만 바로 그 자리가 차들이 가장 복잡하게 얽히는 네거리라서 차들에 꼼짝없이 둘러싸인 형국이 되고 말았다. 이 나무를 그 자리에 두기로 한 것은 분명히 나무에 대한 존중의 예의이지만 결과적으로 숨 막히는 차량의 매연 속에 갇힌 꼴이 되고 만 것이다. 차라리 한적하고 숨 쉴 수 있는 곳으로 옮겨서 모셨으면 어땠을까? 100년도 안 된 젊은 공화국인 대한민국에서 900년 가까운 수명이라는 것은 대단히 오래된 것인데, 나이가 들었다고 현세의 물정을 이길 수는 없음을 보여 준다. 도시의 밀도는 나이고 기품이고 신령함이고 다 이겨 내는 것 같다.

이 사진은 서초구가 왕복 8차선의 반포로로 인해 단절된 서초경찰서 뒤 몽마르뜨공원과 맞은편 서울성모병원 뒤 서리골공원을 잇기 위해 만든 '누에다리' 위에서 찍었다. 그 다리가 없었다면 이 앵글은 나오지 않았을 것이다. 사실 이 두 공원을 잇기 위해서라면 반포로에 횡단보도 하나 설치하면 되는데 아까운 예산 42억 원을 들여서 길이 80미터의 이런 과도하게 장식된 다리를 짓는 것은 쓸데없는 일이라는 생각은 들지만 새로운 구조물은 새로운 조망점을 제공한다는 점에서 사진가에게는 유리한 것이기는 하다. 쓸데없는 물건이 유용한 시선을 제공한다는 것은 아이러니한 일이다. 사진가는 도시의 잉여 덕분에 사는지도 모른다.

이 변전소는 하나의 복잡계(complex system)로 보인다. 복잡계란 일견 대단히 복잡하고 혼란스러워 보이는데 잘 들여다보면 나름의 질서를 가지고 있는 어떤 체계를 이른다. 전기 설비에 대해 모르는 눈에 비친 변전소는 복잡계이지만 엔지니어에게는 복잡계가 아닐지도 모른다. 그것은 개념적이고 계산적으로 설계되고, 마찬가지로 개념적이고 계산적으로 운용, 관리되는 시스템이기 때문이다. 그러나 이 사진이라는 표상 속의 변전소 시설은 복잡계이다. 각각의 요소들이 비선형적으로 얽혀 있으며, 우리의 시선이 미치는 방식에 따라 한 요소가 다른 요소에 피드백을 끊임없이 가하고 있기 때문이다. 그리고 하나의 애자(礙子)가 다른 모든 애자들을 포괄하지 않는다. 구조를 가로지르는 철골들은 어느 것이 어디서 시작하고 어디서 끝나는지 파악하기 어렵다. 즉 경계를 결정하기 어려운 것이다. 시작도 끝도 없는 세계, 그러나 누군가에 의해서 조절되며 나름대로 작동의 원칙을 가지고 있는 체계, 그것이 복잡계이다.

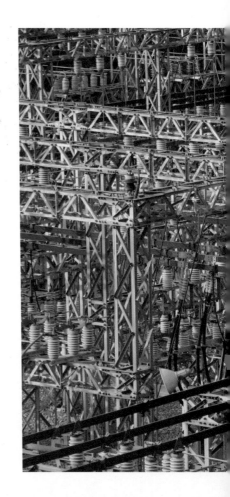

이 시설을 복잡계로 보이게 만드는 것은 사진 일반의 특징이 아니라 초점거리가 300밀리미터에 이르는 망원렌즈의 거리를 압축하는 능력이다. 이것을 복잡계로 보는 것은 어쩌면 이 시설의 구조와 체계에 대한 무지 때문인지도 모른다. 그것이 악보든지 외국어든지 수학기호든지 모르는 관점에서 보면 다 혼돈스럽고 아무것도 의미하지 않는 복잡계로 보이는 것이 사실이다. 하지만 문제는, 인간이 이 세상의 수많은 구조들을 다 파악할 수 없고, 파악되지 않는 구조는 복잡계로 보인다는 사실이다. 하나의 계는 누가 어떻게 보느냐에 따라 질서로 보이기도 하고 무질서로 보이기도 한다. 누군가에게는 이 글이 복잡계로 보일 수도 있지 않을까?

경기도 이천시, 2008

이순신대교의 주탑 사이를 연결하는 주 케이블이 앵커리지에
묶인 지점은 수만 갈래의 와이어가 엄청난 밀도로 얽혀 있는
곳이다. 주 케이블과 서브 케이블의 무게와 다리 상판의
무게가 몽땅 저 와이어 가닥에 걸려 있다.

모든 것은 정지해 있는 듯이 보이지만 다리에 가해지는
엄청난 운동에너지가 저 와이어에 잠재돼 있다. 와이어들이
버티고 있어서 운동에너지가 보이지 않을 뿐이다. 저
와이어에 걸려 있는 정하중(靜荷重)이 동하중(動荷重)이 될
때 재앙이 된다.

도시 경관이 된 북한산

2004년에 낸 졸저 『이미지비평』에는 「나만의 북한산: 자연, 역사, 개인」이라는 글이 실려 있다. 이 글과 딱 맞는 북한산 사진을 찍기 위해 북한산이 보이는 곳을 많이 돌아다녔고 북한산이 보일 만한 건물이란 건물은 다 올라가 봤다. 사실 사진과 글이 딱 맞는다는 것은 좀 우스운 일이기는 하나, 그 사진은 단숨에 스냅으로 찍듯이 순간적으로 포착한 것이 아니라 짧게는 1년, 길게는 중학교 때 처음 본 보현봉이 뇌리에 박혀서 어떻게든 그 모습을 잡아 보려고 수십 년을 애쓴 결과 얻은 사진이다. 그러다가 '자연, 역사, 개인'이라는 글의 주제가 형성된 것이다. 그 글에서 다루고 있는 큰 줄거리는 처음에는 자연경관이었던 북한산이 봉우리에 이름이 붙고 조선 수도의 진산(鎭山: 도읍이나 성시의 뒤쪽에 있는 큰 산)이 되고 능선에 성이 쌓이면서 역사 경관이 되고, 한국이 근대화되면서 빌딩과 도로 같은 구조물들이 북한산을 둘러싸기 시작하면서 도시 경관이 돼 버리는 과정이다. '북한산의 정기를 받아~' 하는 고등학교 교가에 나오듯이 사람들의 뇌리와 가슴에 크게 들어와 있던 북한산이 그저 아파트의 배경이 돼 버리면서 자연경관이 왜소화되고 거친 자연이 가지는 적대성이 길들여져 버리는 슬픈 과정에 대한 글이었다. 그리고 그 와중에, 중학교 때부터 하루도 빼지 않고 집 창문으로 북한산의 보현봉에게 아침 인사를 하며 자라 온 나의 정체성에 대한 얘기이기도 했다. 그 글은 북한산이라는 객관적인 대상에 대한 것이기도 했지만 북한산을 큰 바위 얼굴 삼아 일생을 살아온 나의 정체성의 변천에 대한 것이기도 했다. 점점 높이 올라가는 아파트 때문에 왜소화되고, 강변북로에 치이는 북한산의 모습은 이 모든 주제들을 잘 담고 있다고 생각한다. 사진에서는 잘라내 버렸지만 강변도로 아래 살짝 보이는 한강은 북한산이라는 이름의 뜻인 '한수(漢水) 이북의 산'이라는 말의 유래까지 짐작하게 해 준다. 도시 발달의 구조뿐 아니라, 언어적인 구조도 포함하는 사진인 것이다.

　　　　옛날 정릉에 살 때 집 뒤의 창으로 항상 북한산이 보였기 때문에 40년 동안 단 하루도 아침에 북한산에 인사하지 않은 날이 없었다. 시내에 갔다 돌아올 때 미아리고개를 넘으면서 북한산이 보이면 집에 가까이 왔다고 느꼈다. 북한산은 내 평생 큰 바위 얼굴이었고 존경과 애정의 대상이었다. 그런데 도시화가 진행되면서 북한산을 보기 어려워졌다. 건물들이 많아지고 높아지면서 북한산은 점점 압도당하는 느낌이다. 예전에는 돈암동에서 미아리고개 넘어서면 바로 북한산이 보였는데 이제는 수많은 아파트에 가려 북한산이 잘 보이지 않는다. 제일 처음 북한산을 가린 아파트는 아이러니하게도 SK북한산시티아파트였다. 북한산을 둘러싼 풍경은 급격히 변했다. 2004년에 찍은 사진에서 북한산 둘레에는 그래도 자연스런 지형을 따라 지은 집들이 들어차 있었으나 정확히 10년 후에 본 북한산 둘레에는 자연의 지형 따위는 무시하고 새로운 지형을 만들어 낸 아파트들이 들어차서 북한산의 높이를 위협하고 있었다. 옛날 북한산의 모습을 되찾은 것은 아이러니하게도 당시 서울에서 가장 높은 건물인 63빌딩 전망대에서였다. 높이 274미터의 전망대에 올라가자 현대의 건축물들 위로 북한산이 우뚝 서 있는 모습을 볼 수 있었다. 정도전이 조선을 개국하고 수도로 삼을 곳을 찾아다녔을 때 지금의 서울 자리를 수도로 정하게 한 바로 그 북한산의 모습이었다. 정도전이 경복궁을 지금의 자리에 정하게 한 것은 바로 뒤의 북악산(높이 342미터)이었으나 바로 뒤에 형님같이 버티고 있는 보현봉(714미터)의 영향도 분명히 있었을 것이다. 예전의 북한산의 모습을 되찾으려 하는 것이 차라리 타임머신을 타고 과거로 돌아간 가상의 시간을 좇는 일이라면, 자연경관에서 역사 경관을 거쳐 이제는 도시 경관이 돼 버린 북한산의 모습을 보는 것은 현재 살아 있는 북한산을 보는 일이다.

서울시 영등포구, 2021

서울시 강북구, 2009

서울시 영등포구, 2021

서울시 마포구, 2007

서울시 서초구, 2008

경기도 고양시, 2008

서울시 강남구, 2021

롯데타워 지우기

대기업은 자본을 독점하는 것도 모자라서 마침내는 시선마저 독점해 버렸다. 도대체 이놈의 도시에서는 롯데타워를 안 볼 수 있는 지점이 없다. 555미터의 높이에서 모든 것을 쏘아보는 저 괴물의 눈동자를 저격할 수 있는 곳이 어디일까 찾아 헤맸다. 심지어는 남한산성까지 올라갔다.

하다 하다 안 돼서 마침내 쓴 방법이 나뭇가지 더미로 롯데타워를 감싸 버리는 것이었다. 견고한 철골과 콘크리트로 된 건물의 형상을 무너트린 것은 결국은 휘청이는 나뭇가지들이었다. 무질서하게 이리저리 뒤엉켜 있는 가지들의 선이 빳빳하게 뻗은 고층 건물의 윤곽선을 망가트려 버린 것이 그렇게 통쾌할 수가 없었다. 단단한 무기물인 빌딩을 유기물인 나무가 휘저어 버린 것이다.

그런데 궁극적으로 롯데타워를 허물어 버린 것은 나뭇가지보다 더 원초적인 존재인 강의 물결이었다. 강물에 비친 롯데타워는 점점 자잘하게 부서지더니 마침내는 물결이 돼서 사라져 버렸다. 이로써 나는 손 하나 안 대고 롯데타워를 지워 버린 것이었다. 백남준이 한 말이 생각났다. "맑은 날 라인 강변에 가서 물결을 세어 봐라." 물결이 픽셀이라는 것을 백남준은 어떻게 알았을까. 백남준은 라인강의 물결을 영상 신호가 제거된 티브이에 나타나는 백색 노이즈로 봤다. 노이즈도 신호의 일부다. 다만 원치 않는 신호일 뿐이다. 물결은 강이라는 존재의 최소 단위다. 그것은 강의 픽셀이다. 점점 커지다가 마침내는 끝이 뭉개지고 마는 물결 픽셀 속에서 롯데타워는 사라지고 만다. "모든 단단한 것은 대기 속으로 사라지고 만다"는 마르크스의 말을 "모든 건물들은 물결 속에 사라지고 만다"로 고쳐 쓰고 싶다.

서울시 송파구, 2015

서울시 송파구, 2017

서울시 송파구, 2018

서울시 송파구, 2018

서울시 송파구, 2021

서울시 송파구, 2021

벚꽃의 추억

예전에 살던 건물 앞에는 해마다 4월이면 벚꽃이 흐드러지게 피었다. 그 옆 공터에서 아저씨들이 트럭을 대 놓고 사이좋게 식사하는 모습이 보기 좋았다. 아름다운 벚꽃을 볼 수 있고 우정 넘치는 이곳에서 오래 살아야겠다고 생각했다. 그런데 어느 날 사람들이 벚나무를 베어 버리는 것이었다. 벚나무 옆에는 테니스장이 있었는데 그것도 없애 버리더니 그 옆에 있는 12층 건물도 헐어 버리는 것이었다. 12층이면 그래도 높은 건물인데 철거해 버리는 것이 충격적이었다. 그러고는 주상복합건물 공사가 시작됐다. 나의 트라우마의 시작이기도 했다. 평생을 좀 조용하고 살기 좋다 싶으면 항상 주변에 공사판이 벌어져서 도망 다녔다. 내가 살던 곳은 18층이었기 때문에 주변 전망이 탁 트였고 그 전망이 영원히 갈 줄 알았다. 그런데 18층보다 훨씬 높은 주상복합건물이 생긴다는 것이다. 공사가 시작되자 어마어마한 소음이 하루 종일 계속됐다. 하루가 아니라 몇 달 동안 계속됐다.

그런데 공사가 소음만 가져온 것은 아니었다. 18층에서 내려다보니 공사의 과정이 흥미로웠다. 공사 현장을 위에서 내려다본 것이 처음이었기 때문에 모든 일들이 모호이너지 사진에서처럼 추상적이고 신기하게 보였다. 방음에어 벽이라는 것이 있다는 것도 처음 알았다. 공사 현장에서는 무엇을 하는 건지 알 수 없는 일들이 많이 벌어졌지만 사진으로 찍으면 재미있어 보였다. 일하는 사람들이야 구체적인 어떤 작업을 하는 것이겠지만 위에서 내려다보는 나에게는 추상화를 그리는 것처럼 보였다. 이래서 몬드리안이 추상화를 그렸구나 하고 이해가 가기도 했다. 이 건물이 지어진 2년 내내 하루도 빠짐없이 찍었더니 방대한 기록이 됐다. 여기에 그중 몇 장을 골라 실었다. 건물이 세워지는 속도는 정말로 눈부신 것이었다. 아침에 나갔다 들어와 보면 지형이 바뀌어 있고 새로운 장비가 놓여 있고 어느새 높다란 타워크레인이 세워져 있었다. 저래서『초조한 도시』가 나온 거였다. 눈 깜짝할 사이에 그 높은 타워크레인을 설치해서 건물들을 초고속으로 지어 대니 도시의 밀도는 한없이 높아 가고 나는 초조해질 수밖에 없었던 것이다.

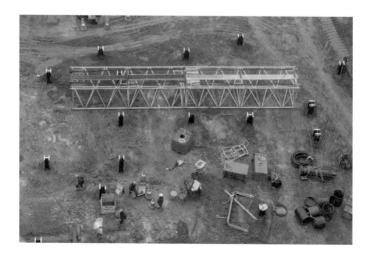

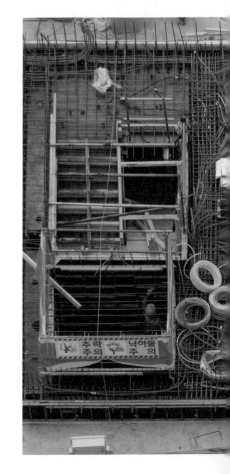

살풍경

죽일 살(殺)자 '살풍경'. 무섭고 끔찍한 말이다. 죽이는 풍경이라니. 아니면 풍경이 죽었다고 해서 살풍경일까. 어쨌든 두 의미 다 끔찍하다. 풍경이 살벌해지는 이유는 산업이 경관에 침투하기 때문이다. 산업의 경관 자체가 살풍경은 아니다. 중공업 사진가 조춘만의 사진에 나오는 산업의 경관은 아름답고 신비스럽기만 하다. 규모와 복잡성이 극대화된 산업의 풍경에는 일상에서는 볼 수 없는 숭고미마저 풍긴다. 강철과 콘크리트 등 삭막한 물질들이 어우러져서 극단적인 강도, 질감, 밀도 등을 보여 주는데 자연의 순리를 거스르고 억지로 꾸며 만든 것이라 극적인 긴장감 같은 것이 있다. 사실 아파트 같은 현대식 주거 건물에서도 그런 불편한 긴장감은 느껴지지만 주거 건물에는 최소한의 가정적인 면, 아늑함이 있다. 그런데 주거 건물에 산업의 삭막미가 맞닿으면 살풍경이 된다. 망원 렌즈를 이용해서 원근감을 압축시켰기 때문에 두 가지 경관의 만남은 더 살벌해진다. 그래서 산업과 자연, 산업과 주거는 완충지대 없이 강렬하게 부딪히며 살풍경을 만들어 낸다.

그런데 살풍경에 대한 이미지가 살풍경을 낳은 산업의 삭막함을 고발하자는 것은 아니다. 살풍경은 근대 이후 나타난 산업사회의 어쩔 수 없는 산물이다. 살풍경은 주로 도시의 경계에 나타난다. 도시의 중심지는 사람들의 시선이 모이는 곳이기 때문에 열심히 가꿔서 세련되고 깔끔하게 꾸며 놓는다. 그러나 도시의 주변부는 아무도 눈길을 주지 않기 때문에 경관 관리의 사각지대가 된다. 게다가 도시의 주변에는 공장이나 멋대로 방치된 숲이 있기 때문에 살풍경의 한 요소가 된다. 따라서 버려진 주변 풍경을 잘 관리해서 아름답고 세련되게 만들자고 해도 소용없는 일이다. 경관에는 항상 주변부가 생기기 마련이고, 주변부에서는 항상 산업과 자연, 산업과 주거가 부딪히기 때문이다. 한국의 도시들은 왕성하게 성장하면서 주변부를 확장하고 살풍경을 집어삼킨다. 주변부는 사라지는 것이 아니라 더 바깥으로 밀려날 뿐이다. 살풍경도 그에 따라 더 밀려난다. 이 사진들은 팽창하는 도시의 경계를 뒤쫓아 간 결과다. 살풍경이 살 만한 풍경이 될 날은 언제일까?

강원정육점은 재개발 과정에서 섬이 되고 말았다. 그것도 땅으로 둘러싸인 섬이다. 사진 바로 아래의 펜스만 넘으면 일반인들이 걸어 다니는 길거리지만 땅을 갈아서 매끈한 공간으로 만들어 놓은 양상이 하도 살벌해서 이곳은 아주 멀고 외딴 장소처럼 보인다. 굴삭기로 파헤쳐 놓은 흙이 차라리 파도처럼 보인다. 강원정육점이 알박기를 했기 때문에 섬이 돼 버린 것인지는 알 수 없으나, 오늘날 재개발의 위력은 땅이었던 곳을 섬으로 만들어 버릴 만큼 강력한 것이 사실이다.

재개발의 위력 앞에서는 초등학교도 섬이 되고 말았다. 그것도 반쯤 붕괴된 섬이. 사진 아래쪽의 진주아파트는 지금은 철거되고 재건축이 진행 중이다. 한국의 도시 풍경은 극도로 다이내믹하게 흘러 버리는 시간의 운동에너지 앞에 버티지 못하고 다 쓸려 없어져 버린다.

서울시 송파구, 2005

'초조한 도시'는 어느 정도는 관음증적인 성격을 가지고
있다. 망원렌즈로 멀리서 도시를 들여다보면서 내가 저 안에
있지 않아 다행이라고 느끼는 것이다. 혹은 내가 속한 그
공간과 거리를 두고 봄으로써 심리적으로 안정감을 갖는
소격효과를 노리고 있기도 하다. 풍경이 살벌하면 할수록
멀리서 관음증적으로 보는 쾌감은 커진다. 바위산을 험악하게
깎아 내서 생긴 절벽 바로 앞에 지어진 아파트는 멀리서 보면
살풍경이지만 그 안에 사는 사람들은 그렇게 생각하지 않을
것 같다. 저 풍경을 나름대로 소화하며 살고 있든지 아니면
풍경에 무감한 채 스마트폰에 고개를 처박고 살고 있을
것이다.

서울시 중랑구, 2016

인천 미추홀구 학익동에는 공장 건물들이 많이 있었다. 산업적 스펙터클이 멋져서 몇 년 전부터 사진 찍으러 다녔었는데 언제부턴가 공장들이 하나둘씩 사라지더니 빈터가 되는 것이었다. 빈터에 몇 남은 공장 건물들을 찍으러 가 보니 공장들은 사라지고 아파트가 들어서고 있었다. 모든 것이 기승전아파트로 귀결되는 대한민국의 익숙한 풍경이었다. 철거 직전의 공장 설비와 아파트의 대조는 꽤 살벌해 보인다. '수증기 발생구역'이라는 말도 위협적으로 보인다. 왠지 수증기만이 아니라 다른 이상한 물질도 발생할 것같이 생겼다. 하지만 밀도와 속도가 제곱으로 상호 상승 작용을 하는 대한민국에서는 살풍경에 대해 걱정할 필요가 없다. 저 설비는 이제는 철거되어 아파트 건설을 위한 부지가 됐을 뿐이다. 이 책에 실린 많은 사진들이 망원렌즈를 이용하여 원근감을 압축시켰기 때문에 도시의 밀도가 커 보이듯, 이 사진 속의 공장 설비와 뒤의 아파트도 실은 멀리 떨어져 있다. 마음이 초조한 내가 망원렌즈를 이용하여 바싹 붙어 있는 듯이 보여 줬을 뿐이다.

수증기 발생구역

구인천시 미추홀구, 2017

대지의 거인 같은 고압 송전 철탑들은 32만 볼트의 특고압 전류를 실어 나르는 전선들과 얽혀 하늘을 마구 할퀴고 있다. 높은 빌딩을 뜻하는 마천루(skyscraper, 한국말로 직역하면 하늘 긁개)는 사실은 빌딩이 아니라 이 철탑에 더 맞는 표현인 것 같다. 하늘을 마구 긁어 휘젓고 있는 날카로운 철탑들을 보면 하늘에서 피가 뚝뚝 떨어질 것 같다. 사실 고압 송전 철탑은 결코 아름다운 물건은 아니다. 몇 해 전부터 급격한 속도로 송전 철탑이 늘기 시작하더니 이제는 전 국토에서 철탑이 없는 풍경은 보기 어렵게 됐다. 경치가 좀 좋다 싶으면 깊은 산속이건 한적한 바닷가건 철탑이 빈 도화지 같아야 할 공간에 흉한 금을 죽죽 긋고 있으니 정말로 흉물이었던 것이다. 실제로 변전소 주변의 주민들은 미관상의 이유와 전자파, 감전 사고 등의 이유로 변전소를 싫어하며, 전국 각지에서 변전소 건설를 반대하거나 이전을 요구하는 시위들이 많이 일어나고 있다.

그런데 매우 아이러니하게도, 고속도로를 달리며 머리 위로 지나가는 철탑의 고압적인 자세를 본 나는 거기서 뭔가 찌릿한 감흥을 느꼈으니, 그것은 산업사회의 기관(奇觀)이 가진 엽기적인 아름다움, 즉 최고의 삭막미였다. 변전소에서 나온 전선들이 철탑을 타고 고속도로 위로 지나가는 장면은 산업이 인간을 지배하는 모습 그 자체였다. 고압선과 철탑의 압도적인 스펙터클 아래 인간은 그저 작은 부속에 지나지 않았다. 규모로나, 32만 볼트라는 상상조차 할 수 없는 힘으로나, 이것은 인간이 상대할 수 없는 어떤 것으로 보였다. 그것들을 만든 것은 인간이 아니라 흡사 우주에서 온 괴물들이 아닐까 하는 생각이 들 정도의 스케일이다.

여기서 풍경은 더 이상 원근법적이지 않다. 철 구조물이 복잡하게 얽혀 있고 전선들까지 제곱으로 얽혀 있는 이 공간에서 나의 시선이 온전히 저기 멀리 소실점까지 뻗어나갈 수는 없다. 선원근법은 사물들이 서로 중첩되거나 진로를 방해하지 않고 차곡차곡 늘어서 있는 공간을 상정하고 있었지만, 안산의 철탑 공간은 사물들이 서로 시선을 선점하려고 다투는 곳이다. 그런 괴상한 원근법 때문에 이 광경은 오늘날 대단히 기이하지만 대단히 익숙한 풍경이 되고 있다.

누군가 멀리서 일직선의 시선으로 바라보며 그 시선으로 통제할 수 있도록 도시가 방사상으로 만들어진 것은 초기 근대의 이야기이며, 근대가 지나간 지금에 와서 도시는 더 이상 방사상으로 쭉 뻗어나가지 않는다. 근대 초기의 유럽도 그랬고, 일제강점기에도 그랬고, 당시의 도시는 총독이나 총통같이 누군가 가장 높고 힘센 사람이 서서 딱 보면 모든 것이 자신의 시선 아래 쫙 펼쳐지는 단일한 시각장으로 돼 있었다. 그러나 기호가 구조를 압도하는 오늘날의 도시는 수많은 중첩하는 시각장의 모자이크일 뿐이다. 안산 주변의 풍경이 그런 도시의 전형적인 모습이다. 그러므로, 이 광경을 사진 찍는다는 것은 단순히 철탑을 기록하는 것이 아니라 혼란스럽게 중첩하며 눈을 어지럽히는 시각장에 참여하는 것이다.

경기도 시흥시, 2010

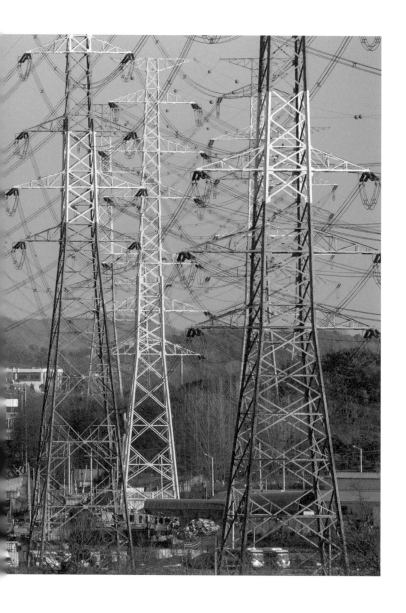

일반적으로 아파트는 상당히 눈에 잘 띄는 건축물이다. 한국의 풍경이 아파트에 의해 점령된 것은 워낙 아파트가 많아서이기도 하지만, 특성상 눈에 잘 띄는 곳에 지어야 하기 때문이다. 남향이어야 하고, 조망이 가려서는 안 되는 곳에 짓다 보니 아파트는 어디서나 잘 보이는 것이 되었다. 아파트의 파사드는 한국에서는 피할 수 없는 경관이다. 하지만 모든 아파트가 그런 것은 아니다.

경기도 안산에 있는 어느 아파트는 변전소의 강력한 철탑과 전선에 가려서 더 이상 대지의 경관을 지배하는 지위에서 탈락하고 만다. 그것은 원근법도 없이 마구 요소들이 얽혀 있는 풍경일 뿐이다. 사실 풍경이라고 할 수도 없는 것이, 관조할 수 있는 공간적 거리감이나 여유가 이 사진에는 없다. 원래 아파트의 창문 앞에는 일망무제의 풍경이 펼쳐져야 하는데 오늘날 그런 풍경을 가지려면 돈을 아주 많이 내야 한다. 돈이 없는 사람들은 탁 트인 풍경 대신 마구 겹치고 얽힌 풍경을 가져야 한다. 500년 이상을 서구인과 동양인의 공간감을 지배해 온 선원근법은 21세기 경기도 안산에 와서 허물어지고 만다.

경기도 시흥시, 2010

이 사진을 찍을 당시에는 살풍경으로 보였지만 공사 중인 아파트는 완공되어 시가 25억 원이 나가는 흑석동 아크로리버하임이라는 고상한 이름의 아파트가 됐다. 아크로라는 말은 높은 곳을 뜻하는 그리스어에서 왔고 리버는 강을 뜻하는 영어, 하임은 집을 뜻하는 독일어에서 왔으니 무려 3개 언어로 된 이 아파트의 이름은 고상하다고 하지 않을 수 없다. 그럼에도 이 광경이 살풍경이라고 한 이유는 효도를 상징하는 효사정의 모습과 건설 중인 아파트가 안 어울리고, 효사정 아래의 경사면은 거친 흙이 드러나 있기 때문이다.

효사정은 1993년에 복원된 것이므로 전통 건축물이라고 할 수는 없지만 어쨌든 전통적인 외관을 하고 있으므로 서양과 한국의 짬뽕인 아파트 공사장과는 대조된다고 할 수 있다. 지금은 고상한 이름의 아파트가 말끔히 완공됐고 효사정 아래의 경사면에는 아름다운 풀들이 자라서 살풍경은 온데간데없고 전통과 현대가 조화된 멋진 도시 풍경이 됐다. 공간의 밀도뿐 아니라 시간의 밀도도 높은 대한민국의 도시에서는 어떤 것도 영원하지 않다.

서울시 동작구, 2018

우리 사회에서 삶의 밀도가 아주 희박한 곳이 있다. 북한과 마주 보고 있는 최전방의 초소인 GOP(general outpost)가 그곳이다. 아무리 군부대가 삭막하다고는 하지만 이 정도로 살풍경인 곳은 흔치 않다. 단 하나 있는 GOP와 철책을 빼고는 어떤 인간의 흔적도 찾아볼 수 없는 절해고도와 같은 곳이 한반도의 중간을 가르고 있는 풍경이다. GOP는 철저히 외부와 단절된 채 외출, 외박도 제한되는 곳이다. 일주일에 한 번쯤 생필품을 실은 이른바 황금 마차가 와야 필요한 것을 살 수 있는 곳이다. 골짜기 저 너머로 보이는 나무가 거의 없는 산은 북한으로서, 그곳도 이쪽 못지않게 삭막한 풍경을 이루고 있다. 이곳에서 근무한 군인들은 제대할 때쯤에는 자신이 근무하던 쪽으로는 오줌도 안 눈다고 할 정도로 군 생활에 대해 진저리를 친다. 심지어는 전쟁이 나면 소대장, 중대장을 제일 먼저 쏴 죽여 버리겠다고 말하는 병사들도 있었다.

그런데 그런 그들이 그토록 동경하던 사회로 나와서 부대끼다 보면 어느덧 그렇게 진저리치던 군부대를 다시 동경하는 희한한 일이 생긴다. 이에 대한 해석은 이렇다. 우선, 무엇보다도 사회란 군대 못지않은 전쟁터다. 취업도 전쟁이고 교육도 전쟁이고 부부생활, 연인 사이도 전쟁이다. 군대와 달리 뭔가 따뜻하고 인간적일 것이라고 기대한 사회는 전역 군인들을 차가운 생존의 전선으로 내몬다. 군대에서는 뽀그리 끓여 먹으며 히히덕거리던 순수한 전우애라도 있었지, 계약과 경쟁이 가득 찬 사회에서는 같은 직장 동료도 나의 경쟁 상대이며, 전우애 따위는 찾아볼 수 없다.

그 사회의 시각 환경은 어떤가. 생존 경쟁에 지친 사회인을 유혹하는 온갖 기호들이 위안을 주는 척하면서 사실은 돈을 뺏고 정신을 빼앗는 것이 우리 사회의 시각 환경이다. 거리의 간판이건, 술집 골목에 뒹구는 키스방 선전 찌라시건 사회의 모든 기호에는 대가가 있다. 그 유혹에 빠졌다가는 돈과 몸과 마음을 빼앗기는 것이다. 그리고 기호들의 포화 상태는, 설사 그런 기호들의 위험을 알고 피하려 해도 피할 수 없게 만든다. 도시적 욕망의 시각 환경에는 기호들이 마구 중첩되어 있고 얽혀 있어서, 이 사진 속 GOP에서 보듯이 저기에 적이 있고 여기 내가 있다는 식의 피아 구분도 힘들고, 어디부터 어디까지 전경이고 어디가 후경인지 구분하기도 쉽지 않다. 도시인은 자신을 둘러싼 시각 환경을 일목요연한 원근법 속에 정리할 수가 없는 것이다.

이때 사회인에게는 몇 가지 옵션이 있다. 휴가를 내서 야자나무가 바람에 흔들리는 동남아로 여행을 떠나는 것이다. 아니면 완전히 사회생활을 접고 남은 재산을 챙겨 귀농을 하여 욕망의 구조로부터 도피하는 것이다. 아니면 머리 깎고 절에 들어가는 방법도 있다. 그러나 이런 옵션들은 전부 일시적이거나 비현실적이다. 이때 사회인은 자신이 겪은 경험 중 사회와 가장 거리가 먼 것을 되짚어 보게 된다. 그리도 지긋지긋하던 군대 시절의 풍경도 그중 하나이다. 물론 그렇다고 다시 군대를 갈 사람은 없을 것이다. 다만 군대 시절 보았던, 삭막하기는 하지만 자본주의의 유혹하는 기호들로부터 자유롭고 단순한 그 풍경이 숨 쉴 틈을 주고 잠시의 도피처가 되는 것이다. 우리 사회는 이 풍경보다 더 삭막한지도 모른다.

군대 풍경이 사회인에게 도피처가 되는 이유 중에는 그 풍경의 초현실성도 한몫하는 것 같다. 특히 북한과 마주 대하고 있는 DMZ의 풍경은 더욱 그렇다. 군대 시절 행군 때 본, 저 멀리 아스라한 고지에 관측초소가 찬바람을 맞으며 외로이 북한을 굽어보며 절해고도처럼 떠 있던 그 모습은 정말 세월이 아무리 흘러도 잊을 수 없는 광경이었다. 밤새도록 남북한의 선전방송 스피커가 왕왕 울어대던 그 풍경의 초현실성은 지구상 어디에서도 찾아볼 수 없을 것이다. 태어나기 전부터 분단을 숙명으로 안고 살아온 한반도의 사람들에게 이런 모습은 어쩌면 가장 깊이 숨어 있는 근원적 풍경인지도 모른다.

강원도 양구군, 2007

시간의 도시

『초조한 도시』 후속판을 13년 만에 내려고 보니 전에 사진 찍어 둔 곳들이 많이 변해 있었다. 이 세상의 모든 도시들이 시간에 따라 급변하겠지만 서울만큼 많이 변한 곳도 없다. 요즘 전 세계의 대도시들은 더 많은 자산 가치를 창출하기 위해 온갖 종류의 재개발을 벌이고 있는데 서울은 가장 주도적이라 할 만하다. 상전벽해, 즉 뽕밭이 푸른 바다가 된다는 말은 딱 대한민국에 맞는 말이다. 다만 밭이 바다가 된 것이 아니라 반대로 바다가 땅이 된 것이 다를 뿐이다. 해방 이후 지금까지 3449제곱킬로미터(2018년 기준, 서울의 면적은 605제곱킬로미터)의 바다가 땅이 됐다. 새만금 사업청에 따르면 군산 앞바다를 메운 곳에 '모두가 살고 싶은 명품 수변도시', '특색 있는 관광생태 중심도시', '세계를 선도하는 그린 에너지와 신산업 허브'를 세울 것이라고 한다. 이 말들에 따르면 몇 년 후 새만금에는 건물과 사람과 차의 밀도도 적절하고 교통도 원활하여 모든 것이 자연스럽고 편한 '초조하지 않은' 명품 도시가 생겨날 것 같다. 과연 그럴지….

차별침식이 땅의 부위마다 다른 지형을 만들어 내듯이 시간은 다양한 양상으로 도시를 바꿔 놓는다. 용산역 기관차 사무소처럼 아예 사라진 곳도 있고 꼴을 바꾼 곳도 많다. 을지로는 공구 가게들이 밀집한 곳이었다가 철거하고 나자 땅속에서 문화재가 나와 발굴 현장이 됐다가 지금은 멀쩡한 재개발 현장이 됐다. 안양에 있던 대한전선 공장에는 재미있는 모양의 전선 두루마리들이 많았는데 어느 날 갑자기 다 밀어내고 평촌 스마트스퀘어가 됐다. 2004년에 판교의 어느 골목을 사진 찍었을 때만 해도 나중에 판교가 어떤 장소가 될지 꿈에도 몰랐다. 1960년대에 서울시장을 지낸 김현옥은 '도시는 선이다'라는 말로 서울이 도로가 뻥뻥 뚫린 도시가 될 것임을 시사했다면, 이제는 '도시는 시간이다'라고 말할 수 있을 것 같다. 시간이 머물러 있지 않고 살아 움직이는 곳이 도시다.

계획을 세워서 찍은 것은 아닌데
거의 같은 자리에서 북한산을
배경으로 한 도시 사진을 10년
간격으로 찍었다. 2004년 사진에서
북한산은 점점 높아지는 아파트에
둘러싸여 점점 보이지 않게 되고
아주 옛날에는 자연경관이었다가
선조 때 북한산성이 쌓이면서 역사
경관이 됐다가 지금은 도시 경관이
돼 있다. 그래도 2004년의 북한산
주변의 도시는 (사실은 주변은 아니고
북한산에서 직선거리로 10킬로미터
떨어져 있다) 자연 지형의 굴곡을
따라 건물들이 들어서 있어서 산의
모습과 큰 위화감을 주지는 않는다.
왼쪽의 공사장 자리만이 앞으로 어떤
일이 있을지 암시하고 있을 뿐이다.

그로부터 10년 후, 모든 것은
아파트가 됐다. 자연 지형의 굴곡
따위는 무시당해 없어졌고 아파트의
윤곽만이 도시의 스카이라인을
이루게 됐다. 2004년의 사진에서보다
훨씬 높은 아파트들이 북한산을 훨씬
가려 버렸다. 이제 북한산은 서울의
진산(鎭山, 도시를 대표하는 큰 산)이
아니라 아파트의 배경으로 전락하고
말았다. 아파트도 점점 높아지는
추세니까 시간이 좀 더 지나면
북한산이 아예 안 보이게 될 것이다.
한국의 도시 경관을 압축하는 말은
기승전아파트다.

서울시 강남구, 2014

서울시 강남구, 2004

조선시대에 사대문 중 하나로 서울의 경계를 표시했던
동대문은 지금도 여전히 중요한 랜드마크이다. 그러나
랜드마크의 성격은 달라졌다. '동대문 간다'고 했을 때
동대문 자체에 가는 사람은 없을 것이다. 그것은 동대문
근처의 상가에 옷 사러 간다는 말이다. 동대문은 이제는 더
이상 대문, 즉 큰 문이 아니라 도시의 수많은 기표 중 하나로
전락했을 뿐이다. 동대문은 높이에 눌려 있을 뿐 아니라
밀도에도 눌려 있다. 사실 여기에 실린 사진을 찍으면서
동대문에게 좀 미안했다. 바로 아래에서 위를 향해 찍었다면
동대문을 위풍당당하게 묘사할 수도 있었기 때문이다.
동대문을 존경하지 않아서가 아니라, 존경할 만한 랜드마크가
사라졌다는 사실을 표상하기 위해서 동대문이 21세기의
구조물에 짓눌린 상태로 찍었다. 이 사진 속에서 역사는
과거로부터 솟아 나와서 현재의 우리를 이루고 미래를 향해
면면히 흘러가는 어떤 것이 아니라, 현재라는 모자이크 속에
박혀 있는 한 점 얼룩처럼 보인다. 이 사진은 그런 사실을
안타까워하면서도 또한 시각적 스펙터클로 즐기는 기이한
이중성 속에 놓여 있다.

처음 사진을 찍은 3년 후 동대문은 서울성곽보다 더 중요한
롯데성곽에 압도돼 버렸다. 비록 험악하게 잘려 나가긴
했어도 온달왕자와 평강공주의 전설이 서린 아차산도 점점
높아지는 아파트에 가려 거의 볼 수 없게 됐다. 역사적 유물이
점점 왜소해져 가는 오늘날의 도시는 시간의 연속성을 부숴
버리고 공간과 시간의 밀도로 가득 채워 버린다.

서울시 종로구, 2004

2004년부터 경기도 성남시 판교동은 경부고속도로 주변의 작은 시골 동네에서 대한민국 최고의 부동산 투자 대상지로 변하기 시작한다. 부동산 투자에 대한 정보도 없고 감각도 어두운 나는 사진을 찍으면서도 저 자리가 앞으로 어떻게 변할지 짐작조차 할 수 없었다. 바로 저 자리에는 지금 단독주택 단지가 들어서 있는데, 저 사진 속에 나오는 주택들의 값이 20억에서 30억 사이다. 그야말로 상전벽해다. 내가 1970년대에 살던 성북구 안암동의 20평짜리 한옥 주택이 당시 가격으로 250만 원이었는데 그 주택과 이 사진 속의 주택은 단어만 같을 뿐 크기도, 값도, 삶의 질과 방식도 완전히 다른 우주다. 둘을 비교한다는 것 자체가 과거의 기억에 묶여 살고 있는 나 같은 사람의 쓸데없는 망상인 것 같다. 그것은 하나의 상태가 다른 어떤 상태로 변하는 전환(transformation)이 아니라, 돌이 참새가 된 것과 같은, 완전히 범주가 다른 변화다. 아마 이 뒤바뀜을 설명하려면 메타(meta)와 트랜스(trans)가 한참 뒤엉킨 단어를 만들어 내야 할 것이다. 「스타 트랙」은 먼 우주의 일이 아니라 판교를 염두에 두고 만든 것이 아닐까?

경기도 성남시, 2004

경기도 성남시, 2009

경기도 안양 동안구 관양동에 대한전선 공장이
있었다. 전선 감는 두루마리에 여러 가지 색깔의
전선이 감겨 있는 것이 무척이나 흥미로웠다.
두루마리의 굵기도 다 달라서 다양한 굵기의
두루마리와 다양한 색깔의 전선들의 조합은
시각적으로 무척이나 흥미로웠다. 그것은
사물들이 스스로 만들어 내는 변주곡이면서
합주곡이었다. 그런데 어느 날 공장 앞마당이
깨끗이 치워지더니 건물들을 헐기 시작하는
것이었다. 그러고는 빈터가 됐다. 이 책에 실린 다른
사진들에서처럼 역시 귀결은 기승전아파트였다.
아래 보이는 전선 두루마리들이 있던 자리는
평촌 스마트스퀘어가 되어 바로 뒤에 실린
'엘지유플러스평촌메가센터'처럼 너무 길어서
발음하기도 어려운 각종 기업 건물들이 들어섰다.

경기도 안양, 2009

경기도 안양시, 2016

을지로 재개발 공사장을 내려다보니 문화재 발굴을 하고
있었다. 재개발 공사장에 웬 문화재일까 궁금했는데 누군가
그 이유를 알려줬다. 서울 사대문 안에 옛날부터 사람들이
집을 짓고 동네를 이루고 살았는데 땅속에 그 흔적이 없는
데가 어디가 있겠느냐고 말이다. 공사를 하다가 유물이
나오면 공사는 올스톱 되고 문화재 발굴, 조사에 들어간다.
그러면 막대한 돈을 들여 재개발을 하는 업체는 엄청난
손해를 보게 된다. 을지로 재개발 현장도 마찬가지였다. 땅에
흰 금을 그어놓고 세밀하게 흙을 긁어내서 기둥과 담장만
남겨 놓은 것을 보니 무척이나 중요한 문화재가 나온 것
같았다. 저 자리에 건물 지으려는 사람은 누군지 망했구나
생각했는데 왜 남의 걱정을 해 주나 하는 생각도 들었다.

하지만 1년 후에 같은 자리를 찾았을 때 그런 걱정은 정말로
부질없는 것이었음이 드러났다. 전에 발굴하던 문화재가
갑자기 가치가 없는 것으로 드러났는지, 아니면 통째로
들어서 어디 박물관으로 옮겼는지 발굴터는 온데간데없고
깨끗이 닦인 땅만 드러나 있었다. 아마 지금쯤은 빌딩이
올라가 있을 것 같다. 동대문 근처의 DDP도 그렇고 종로
2가의 그랑서울이라는 빌딩도 그렇고 기존의 땅을 파는
과정에서 유물이 나왔는데 그렇다고 공사를 마냥 중단하지는
않았다. 발굴된 유물의 일부를 땅속에 그대로 놔두고 그 위에
유리를 덮어 옛 흔적을 보존하는 시늉을 하고는 계속 건물을
지어 오늘날에 이르렀다. 좋게 말하면 옛 유물과 현대적
건물의 상생이고 나쁘게 말하면 유물을 다 발굴했다가는
재개발 업자가 망할 테니 적당히 일부만 남겨 두는 척한
것이다. 을지로 재개발 현장도 마찬가지 방법을 쓴 것으로
보인다. 현재의 재개발과 과거의 문화재 보존이 충돌할 때
결국 이기는 쪽은 재개발일 수밖에 없다. 죽은 자가 어떻게 산
자를 이긴단 말인가.

서울시 중구, 2020

서울시 중구, 2021

서강대교 아래 하수 처리 시설을 보고 이쯤 되면 콘크리트
구조물이 예술을 능가할 수 있다는 생각을 했다. 결국 헨리
무어나 앤서니 카로 같은 고전적인 모더니즘 조각가들이
하려고 했던 것이 기이한 공간감과 양감의 연출이
아니었던가. 서강대교 아래의, 이름 없는 조각가가 만든 이
콘크리트 구조물은 자세히 보면 대단히 투박하다. 거푸집을
떼어 낸 자국이 전혀 다듬어져 있지 않고, 표면이 매끈하게
다듬어져 있는 오른쪽의 둥근 기둥과는 기능과 처지가
너무 다르다. 둥근 기둥은 강변북로를 떠받치는 기둥들 중
하나로서, 상당한 힘을 받는 구조이다. 두 구조물은 다른
시기에 다른 설계안을 따라 다른 시공사가 만든 것으로
보이며, 둥근 기둥은 강화콘크리트인 것으로 보인다. 하수
통로는 크게 힘을 받는 부분이 아니므로 강도가 높아
보이지 않으나 둥근 기둥은 도로를 떠받치고 있기 때문에
원료인 시멘트 자체가 고강도를 사용한 것으로 보인다.
여러 부분으로 돼 있는 하수 통로와는 달리, 단일 피스로
된 기둥이 훨씬 강도가 세 보인다. 심미성을 의도하고 만든
구조물은 아니지만 매끈한 질감과 곧게 뻗은 형상으로 인해
신전의 기둥처럼 보이기까지 한다. 반면 하수 통로는 아무도
주목하지 않는 물건이며, 매우 조야하게 만들어져 있다.
그것은 어떤 시선도 고려하지 않고 만들어진 것이다.

그러나 콘크리트가 아닌 다른 사물을 연기하고 있는 둥근
기둥에 비해, 하수 통로는 그 조야함 때문에 콘크리트의
본성을 그대로 노출하고 있다. 진정한 노출콘크리트인
것이다. 건축에서 쓰이는 노출콘크리트가 사실은 콘크리트의
일반적인 상태가 아니라 건축 스타일을 위해 비용을 많이
들여서 고도로 다듬어지고 연출된, 매우 특수한 콘크리트의
상태인 것과 달리, 이 '노출' 콘크리트는 콘크리트의 못남과
추함을 그대로 드러내고 있는 솔직한 콘크리트이다.

몇 년 후에 같은 자리에 가 보니 낙서들이 돼 있었다.
아마 삭막한 콘크리트를 아름답게 꾸미려는 것이었는지,
조야하게 아무렇게나 스프레이를 뿌려 그린 낙서들과는
달리 조형적으로 흥미롭고 색채도 좋고 솜씨도 세련됐다. 이
근처가 힙한 동네라 그런 것인지 몰라도 다른 곳의 낙서와는
확실히 차별화되는 낙서다. 그래도 콘크리트는 콘크리트다.
하수 통로의 본질은 변하지 않을 것이다.

서울시 마포구, 2007

서울시 마포구, 2010

이 사진 속 공간의 주인공은 원래는
사진 아래쪽을 차지하고 있는
공장들이었다. 그러다가 공장이
하나둘씩 사라지고 그 대신 아파트가
하나둘씩 들어서서 저 공장들도 다
사라졌다. 그 과정은 한국의 도시를
특징짓는 '기승전아파트'의 흐름에서
한 치도 벗어나지 않는 것이었다. 몇
년 후에 같은 자리에 또 갔을 때는 또
다른 아파트가 이전의 아파트 앞에
지어져 있었다. 그런데 공장들이
다 사라지고 나니까 흥미로운 것이
드러났다. 2021년의 사진 아래쪽에
나무들이 있고 웬 벽돌집들이 있길래
인천의 역사를 아는 분께 알아보니
예전에 선교사들이 살던 집이라고
한다. 1950년에 지어진 이 선교사
사택은 주변의 나무들과 더불어
꽤 운치 있어 보이는데 주변이 다
공사장으로 막혀 있어서 가까이 가
볼 수는 없었다. 아파트가 들어서면
다 허물어질 것 같았는데 다행히도
역사적 가치가 인정되어 보존하기로
됐고 2025년에 뮤지엄파크로
재탄생할 것이라고 한다. 그렇게 되면
건물들은 말끔히 단장돼 있을 것이고
카페와 주차장과 전기자동차 충전
시설이 생겨서 21세기의 건축물로
재탄생할 것이다. 그런 식으로
21세기의 옷을 입혀야 옛 건물이
유지될 수 있다는 것은 좀 씁쓸한
일이다. 그냥 내버려 두면 안 될까?

인천시 미추홀구, 2017

인천시 미추홀구, 2021

경기도 의왕시 내손동에는 원래 아기자기한 동네가 있었다.
반찬 가게도 있고 두부 가게도 있는 그런 동네 말이다.
사진 아래쪽 재개발 공사를 위해 쳐 놓은 담장 옆으로는
도깨비시장이라는 시장이 도로변에 있어서 사람들로
북적였었다. 아직도 올망졸망한 건물들과 동네는 남아 있지만
아파트들이 동네를 굽어보며 곧 다가올 미래를 말해 주는 것
같다. 너희도 언젠가는 우리 발밑에 사라질 날이 올 것이라고.
이미 동네 한 블록은 뚝 잘라져서 '정비'가 이루어졌다.
결론부터 말하면 이 사진에 남아 있던 동네는 지금은
몽땅 사라지고 그 자리에 아파트가 들어섰다. 그 아파트에
사는 사람들은 원래 이곳에 있던 동네를 기억할까? 혹은
작은 가게들과 사람들이 이루던 동네의 감각을 기억할까?
아파트에도 상가가 생겨 온갖 가게들이며 학원들, 교회가
들어서겠지만 그곳에도 동네 감각은 있을까?

철도 차량을 정비하던 용산차량사업소의 정비창 건물이다.
단군 이래 최대의 재개발 사업이라는 용산역 재개발 사업을
위해 2011년에 철거돼 없어졌다. 기록도 안 남기고 뭐든지
없애 버리는 한국의 특성상 아마도 이 사진이 이 건물에 대한
유일한 기록이 아닐까 싶다.

서울시 용산구, 2009

초조해진 도시에서는 고드름을 찾아보기 어렵게 됐다.
고드름이 달릴 처마가 없어졌으니 고드름이 없어진 것이다,
그 대신 고드름은 주의해야 할 물건으로 되돌아왔다. 도시의
처마는 건물 옥상 끄트머리에 설치되는데, 그러다 보니
처마는 아주 높아지고, 거기서 떨어지는 고드름은 생명마저
위협할 수 있는 무서운 물건이 됐다. 한때는 아이들의
친구였던 고드름이 어쩌다….

인천시 강화군, 2009

세종문화회관 뒤의 한옥 골목은 지금 같으면 북촌 한옥마을
못지않게 전통 한옥이 많은 곳이므로 이 기와집들을
보존했다면 유명 관광지가 됐을 텐데 다 허물어져 버리고
이 자리에는 아파트와 오피스텔이 들어서 있다. 같은 서울
안에 가까운 곳에 있는데 어떤 한옥들은 철거돼 버리고 어떤
한옥은 보존 지역으로 지정되어 종로구의 보조금까지 받으며
유지되는 것을 보면 한옥의 팔자도 참 기구하다는 생각이
든다.

서울시 종로구, 1981

해양도시의 아이러니

이 세상에는 두 가지 해양도시가 있다. 하나는 처음에 작은 어촌에 포구가 있었다가 점차 커져서 항만이 되고 다양한 배들이 오가고 다른 나라와의 교류도 일어나서 국제도시가 된 곳이다. 부산이나 목포, 군산, 인천 같은 곳들이 그곳이다. 해양도시에는 예전의 포구에서 발전해서 커진 항만과 수산시장, 이를 바탕으로 살아가는 사람들의 찝찔하고 비린내 나는 애환 같은 것이 서려 있다. 「부산갈매기」, 「목포의 눈물」 같은 노래가 괜히 나온 것이 아니다. 해양도시의 사람들은 배를 타고 고기를 잡으며 생업을 꾸려 왔고, 항만이 현대화되어 해기사나 도선사, 항만 관제사 같은 직종에서 일하기도 한다. 또한 해양대학이나 해양 무역, 수산 관련 기관들이 들어서기도 한다. 해양도시의 또 다른 종류는 인위적으로 조성된 곳이다. 바닷가 하면 탁 트인 바다도 볼 수 있고 공기도 좋고 싱싱한 수산물이 넘쳐나니 이를 바탕으로 아파트를 짓고 오페라 하우스와 요트 마리나 등의 문화시설을 갖춰서 땅값을 올리고 사람들을 유인하여 살게 하는 곳이 그곳이다. 건축으로 유명한 시드니 오페라 하우스에서는 오페라 공연은 거의 안 하고 대중음악 공연만 이루어지지만 어쨌든 시드니를 국제적으로 유명한 해양도시로 만드는 데 일조했으니 성공한 셈이다. 한국에서 해양도시를 개발하려는 자들이 가장 많이 참조하는 것도 시드니 오페라 하우스다. 부산 북항이 있던 자리를 재개발하여 오페라 하우스도 짓고 요트 마리나도 만들고 엑스포도 유치한다고 하는데, 개발업자들과 정책가들이 도대체 무슨 오페라를 얼마나 좋아해서 반드시 오페라 하우스를 짓겠다고 하는지 알 수 없는 노릇이다. 그들은 바그너의 '니벨룽엔의 가락지'를 좋아하는 걸까, 푸치니의 '나비부인'을 좋아하는 걸까? 설마 알반 베르크의 '보체크'나 비발디의 '라 피다 닌파' 같은 오페라를 좋아하는 것은 아니겠지. 어쨌든 굴러 들어온 돌이 박힌 돌 빼낸다고, 예전부터 있어 온 애환 서린 해양도시보다는 새로 조성해서 화려하고 커피숍도 많고 주차도 쉬운 해양도시가 더 각광을 받는 것은 사실이다.

그래서 부산이나 인천 같은 항만도시들을 보면 예전 항만의 색깔을 지우고 새로운 해양도시의 색깔을 입히는 데 혈안이 돼 있는 것 같다. 인천항도 8부두를 재개발하여 시민에게 개방하면서 항만과는 다른 문화시설 등으로 바꿀 것이라고 한다. 부산 영도의 부산대교에서 내려다보이는 봉래동의 창고들은 이미 하나둘씩 유명 커피숍으로 바뀌고 있는데, 부산서는 2030년 엑스포를 대비한 커피숍 거리로 바꾸기 위해 오랜 세월 정박해 있던 바지선들을 다 다른 곳으로 치우려고 하고 있다. 시뻘겋게 녹슨 채 뒤엉켜 있는 바지선들의 모습이 힙스터들의 성지에는 안 맞는다고 생각한 모양이다.

그런다고 항만이 사라질까? 오히려 커지고 있다. 다만 시민들이 볼 수 없는 먼 곳으로 밀어내 버릴 뿐이다. 부산항은 북항을 대체할 신항만이 멀리 강서구 성북동에서 창원시 진해구까지 대규모로 조성돼 있다. 세계 7위를 자랑하는 거대한 규모의 부산 신항만은 항구에 접한 길거리에 집채만 한 컨테이너를 실은 트레일러만 오갈 뿐, 사람의 흔적을 찾아볼 수 없는 곳이다. 인천의 경우도 연수구 송도동에 부산보다 규모는 작지만 역시 인간의 흔적을 찾아볼 수 없는 신항만 컨테이너 터미널과 크루즈선 터미널이 조성돼 있다. 결국 항만은 사라지는 것은 아니고 시민들이 볼 수 없는 곳으로 밀려날 뿐이다. 왜 항만이 밀려날까? 글로벌 물동량의 증가로 국내 항만에서의 물동량도 늘어나고 그에 따라 더 큰 항만시설이 필요한 것이 첫째 이유다. 그러나 또 다른 이유가 있는 것 같다. 거대한 배들이 오가고 하늘을 찌르는 크레인들이 줄지어 서 있는 항만은 삭막한 산업 경관에 가깝다. 시민들이 보고 싶어 하는 경관이 아니다. 게다가 커다란 배들은 배기가스나 폐유 등 안 좋은 것들을 유출할 위험도 있다. 가끔 사고도 난다. 그래서 항만 도시가 항만을 지우려는 이상한 일이 일어나고 있는 것이다. 이런 일은 한국에서만 있는 것은 아니다. 네덜란드의 로테르담 같은 항구도시에서는 예전 창고로 쓰던 건물을 개조하여 스타트업 기업들에게 싸게 임대해 주는 사업이 활발하다. 일본 요코하마의 아카렌가소고는 옛날의 보세창고를 리모델링하여 대표적인 관광 명소로 꾸민 곳이다. 이런 성공 사례가 부산과 인천의 정치인들과 개발업자들에게 자극을 주어 항구에서 항구의 때를 벗기고 시민들에게 친근하게 다가갈 해양도시의 모습을 입히도록 부추긴 것은 아닌가 싶다. 항구도시라고 하면 배들이 뒤엉켜 있고 거친 뱃사람들과 부두 노동자들이 연상되는 반면 해양도시라고 하면 바다 위에 띄워서 짓는 인공 도시나 SF에서나 볼 법한 해저 도시 등 새로운 패러다임의 도시로 보인다. 서울과 다른 대도시에서는 재개발이라는 이름으로 산동네를 밀어 버리고 아파트를 지었는데 항구도시에서는 바다를 밀어내고 아파트를 짓는 일들이 벌어지고 있다. 산의 도시에서 산이 밀려나고 바다의 도시에서 바다가 밀려나는 것이 오늘날 한국 도시들의 기이한 팔자다.

그래도 항구도시에서 항구를 완전히 지워 버릴 수는 없다. 항구가 하루아침에 생겨난 것이 아닌데 어떻게 하루아침에 지워 버릴 수 있을까? 인천 중구, 부산의 초량동과 영도에는 아직도 온갖 선박들과 집들, 아파트들이 올망졸망 뒤엉킨 항구들이 있다. 그 아파트에는 항만과 배에서 일하는 사람들이 살고 있을 것이다. 요즘 말로 직주근접이 실현된 곳이다. 다양한 항만설비들이 항구도시의 특색을 보여 주고 있다. 배와 트레일러 사이에 컨테이너를 옮겨 주는 갠트리 크레인은 항구의 상징이다. 무엇보다도, 배는 항구도시의 주인공이다. 어선에서부터 각종 화물선들이 항구도시의 공간을 가득 채우고 있다. 육지에만 주차 공간이 모자라는 것이 아니라 바다에도 배를 댈 공간이 모자란다. 항구도시도 초조하기는 마찬가지인 것이다. 조선소에는 막 지어져서 첫 출항을 앞둔 대형선박들, 그것을 이룰 선체 블록들, 해상 풍력 터빈을 받쳐 줄 재킷 같은 설비들이 넘쳐난다. 그런 설비들은 사라지지 않고 항구도시의 뼈대를 이룰 것이다.

항구도시는 배와 건축물이 뒤엉킨 곳이다. 모든 것이 급변하는 세상에 항만의 모양도 바뀌고 있다. 나날이 커지고 있는 초대형 선박이 접안할 수 있도록 선석(船席, berth)에서부터 갠트리 크레인에 이르는 항만시설들이 커지고 있고 디지털화, 스마트화되고 있다. 예전의 항만시설로는 그런 추세를 따라갈 수 없기 때문에 인천, 목포, 부산 등 오래된 항구가 있는 도시들에는 다 신항만들이 생겼다. 그렇다고 해서 기존의 항만이 사라지는 것은 아니다. 도시에 큰 빌딩도 있지만 뒷골목의 작은 가게도 공존하듯이, 구항만과 신항만이 공존하는 곳이 항구도시다. 컨테이너선과 크루즈선이 접안하는 신항만과 달리, 중구에 위치한 인천남항은 어선과 예인선에서부터 녹슨 카페리선까지 온갖 종류의 배들이 얽혀 있는 비린내 나는 생활의 현장이다. 그것은 최첨단 물류와는 거리가 있는 곳이지만 바다를 바탕으로 살아가는 사람들의 보금자리인 아파트들과 배들이 뒤얽혀 있는 항구다.

인천시 중구, 2023

최근 경인 지역에서는 저런 형태의
건물이 급증하는 것을 볼 수 있다.
안산, 인천, 화성, 김포에 급속히
늘어나고 있는 물류센터다. 저런
독특한 모양을 하고 있는 이유는
트럭이 올라갈 수 있는 대형 램프를
마련했기 때문이다. 왜 트럭이
물류센터로 올라가야 할까. 예전에
지어진 물류센터는 트럭이 건물
바깥에 꽁무니를 대고 있으면 화물을
꺼내거나 싣는 식이었다. 그런데
물류센터가 대형화되면서 여러 층으로
올리게 됐고 트럭은 건물 안으로
들어가서 화물을 싣거나 내려야 하게
됐다. 램프를 건물 안에 두면 면적을
잡아먹으니 건물 바깥에 두게 되어
저런 형태가 된 것이다. 이런 형태는
최근 급격하게 변한 물류의 의미
변화와 연관 있다. 20세기만 해도
물류라는 단어도 없었고 물건을
만들어 운송만 하면 그만이었다.
21세기 들어 '물류'(物流, logistics)의
개념이 등장한다. 'Logistics'는
원래는 전쟁터에 필요한 물건을
대 주는 일, 즉 병참이란 뜻이었다.
그러다가 21세기 들어 삶의 모든
구석구석이 전쟁터같이 변하면서
물류라는 말이 등장하게 됐다. 병참의
핵심은 속도와 다변화다. 전쟁터에서는
탄약과 폭탄에서부터 연료와 각종
부속품, 옷과 음식, 휴지 등 많은
것들이 제때 제 곳에 공급돼야 한다.
즉 속도와 세분화가 중요한 것이다.
요즘의 일상이 딱 그 모양이다. 생활에
필요한 모든 것들이 제때 공급되지
않으면 이른바 '대란'이 일어난다.
이제는 물건을 만들기만 하면 되는
시대가 아니라 만든 것을 소비자에게
제때 공급해야 만족시킬 수 있는
시대가 됐다. 창고가 물건을 쌓아

두는 정적인 공간이라면 물류센터는
흐를 류(流)자가 들어 있는 것만 봐도
물건이 생산자에게서 소비자로 가는
이동의 흐름 중간에 있는 동적인
공간이다. 물류센터는 단순히 물건을
보관만 하던 창고의 개념을 벗어나
물건을 세세하게 분류하고 소비자에게
제때 보내기 위한 거점 역할을 하는
쪽으로 진화했다. 물류센터는 상품의
하역, 분류, 포장, 재포장, 상표 부착 등
많은 일이 일어나는 곳이다. 코로나
팬데믹 이후 온라인 주문이 늘어나면서

물류센터에 대한 수요가 폭증해서
경인 지역에 수많은 물류센터가 새로
지어지게 된 것이다. 기존의 단층으로
된 창고로는 그 수요를 감당할 수
없기 때문에 물류센터는 여러 층으로
지어지게 되고 대형화된다. 대형
트럭이 많이 오가면서 소음과 매연을
내뿜게 되자 물류센터가 혐오 시설로
분류되게 됐고 물류센터를 짓는
쪽에서는 모양에 신경 쓰게 되어
기존의 창고보다는 세련된 형태의
물류센터들이 늘어난 것이다. 그게

바로 이 사진 속의 물류센터 건물이
생겨나게 된 경위다. 결국은 소비자가
물건을 주문해 놓고 초조하게
기다리지 않아도 제때 배송되도록
하는 것이 물류센터의 기능이다.
그것은 초조한 도시에서 초조함을
막아 주는 건물이다.

인천시 중구, 2023

갠트리 크레인은 항구도시를 상징하는 기념비다.
붐(boom)을 올리고 있으면 높이가 100미터가 넘기 때문에
웬만한 곳에서는 다 보인다. 갠트리 크레인의 본래 기능은
배와 트레일러 사이에 컨테이너를 옮겨 주는 것이지만 높이
솟아 있는 형상으로 인해 멀리서 봐도 항구도시임을 알게 해
준다. 실제로 인천이나 부산에 갈 때 멀리서 갠트리 크레인이
보이기 시작하면 항구도시에 가까이 왔다는 흥분을 느끼게
해 준다. 갠트리(gantry)라는 말은 고정형이라는 뜻이다.
그렇다고 땅에 박혀서 꼼짝 못 하는 것은 아니고 좌우로
움직일 수는 있지만 트럭에 실어서 다른 곳으로 옮길 수 있는
일반 크레인과는 달리 갠트리 크레인은 항만 안벽에 설치된
궤도 위로만 움직일 뿐이다. 부두에 설치된 크레인이라서 키
크레인(quay crane)이라고도 한다.

그런데 갠트리 크레인의 붐들이 다 올라가 있는 것은 그리 좋은 모습은 아니다. 배가 드나들 때 상부구조에 닿지 않도록 붐을 올려 두는데, 사진 속에서처럼 저렇게 붐을 올리고 있다는 것은 안벽에 배가 정박해 있지 않다는 것이다. 항만의 가장 큰 목적은 드나드는 선박들로부터 각종 비용을 받아 돈을 버는 것인데 갠트리 크레인의 붐들이 일제히 올라가 있는 항만은 장사가 안 되는 곳이다. 사진 속의 부산 신항만은 이 사진을 찍던 2012년만 해도 안벽(岸壁)이 텅텅 비어 있었다. 그러나 이제는 그런 걱정이 없다. 코로나 사태로 막혀 있던 지구 전체의 물동량이 대폭 늘어나 2023년 현재 부산 신항만의 안벽은 빈 곳이 없이 항상 컨테이너선들로 가득 차 있다.

부산시 강서구, 2012

부산시 남구, 2022

인천시 중구, 2023

인천 연수구 송도의 아파트들이 해무 너머로 신기루처럼 떠
있다. 해양도시라는 말에는 두 가지 뜻이 있는 것 같다. 첫째는
인천 중구처럼 예전부터 항구가 있었고 항구를 중심으로
아파트와 상가 등 도시가 형성된 곳을 말한다. 이 경우 항구와
아파트는 밀접한 관계를 가진다. 배 타는 사람들과 그의
가족들이 아파트에 살고 있을 테니 말이다. 해양도시의 또
다른 뜻은 개발업자들이 바닷가에 아파트를 지어 놓은 곳을
말한다. 이 경우 바다를 향한 시원한 조망과 맑은 공기 때문에
사는 것이지 배 타는 생활과는 관계가 없다.

생활과 산업이건 레저스포츠건 바다와 직접적인 연관이
있어야 해양도시인데 인천 송도는 그런 활동들이 벌어지는
곳이 아니기 때문에 진정한 의미에서의 해양도시는
아니라고 할 수 있다. 그러나 중요한 것은 진정성이 아니라
아파트값이다. 연수구 송도의 아파트값이 중구의 기존 항만이
있는 곳보다 더 비싸다. 송도가 진정한 해양도시다.

인천시 연수구, 2023

부산 해운대만큼 아파트 높낮이의 대비가 극명하게
나타나는 곳은 없을 것이다. 2013년 53층에 182미터를
자랑하는 해운대 힐스테이트위브 아파트가 들어섰을
때만 해도 꽤 위압적이어서 해운대의 스카이라인이 온통
장악당하는 느낌이었다. 2019년 101층에 411미터 높이의
해운대엘시티더샵이 들어서자 해운대 힐스테이트위브는
상대적으로 낮아 보이게 됐다. 그들보다 훨씬 오래전인
2002년에 지어진 중동 달맞이경동메르빌 아파트가 진짜
원조이고 해운대의 터줏대감이라고 할 만하지만 나중에
지어진 아파트들에 비하면 초라할 지경이다. 아파트값도
높이에 비례해서 비싸진다.

해운대란 이름은 신라의 문인이었던 최치원이 현재의
해운대해수욕장 근처를 방문했다가 소나무와 백사장이
어우러진 경치에 감탄해 자신의 호인 해운(海雲)에서 따서
붙인 지명이다. 바다와 구름, 혹은 바다에 떠 있는 구름 등
어떤 쪽으로 해석해도 멋진 이름이다. 100층이 넘는 아파트가
생기고 나서야 해운대란 이름은 제자리를 찾게 됐으니, 흐린
날은 구름이 아파트의 중간을 휘감으면서 아파트에 앉아서
구름 속에 들어앉은 신선이 될 수 있기 때문이다. 바다를
향한 '영구 조망권'을 자랑하는 해운대엘시티더샵으로 인해
해운대는 완전한 해양도시가 됐다.

부산시 해운대구, 2022

통영의 어느 조선소에 가 보니 선박과는 상관없는 것을
만들고 있었다. 바다에 설치할 풍력 터빈을 지지할
재킷(jacket)이었다. 지금이야 조선 경기가 되살아났지만
2010년을 기점으로 조선 경기가 꺾여서 조선소들이 텅텅
비게 되자 선박이 아닌 구조물들을 수주받아 일하게 됐고
그중 하나가 이런 해상 풍력 설비였다. 때마침 친환경
에너지에 대한 관심들이 높아져서 풍력 터빈에 대한
수요는 국내외에서 많아졌다. 노란색과 흰색의 얼기설기한
구조물들이 재킷의 다리인데, 삼각형으로 된 재킷을 바닷속에
가라앉힌 후 그 중간에 풍력 터빈의 기둥을 꽂아 설치하게
된다. 친환경 에너지를 많이 쓰는 것은 좋은 일이다. 그런데
여기에는 또 다른 면이 있으니, 이제까지 인간이 쓰지 않던
공간에 사물들의 밀도가 높아지는 문제다.

환경 자원을 최대한 활용하기 위해서는 이제까지 활용하지
않던 영역을 개척하여 뭔가를 개발하고 설치해야 하는데, 그
바람에 바다에 점점 더 많은 구조물들이 설치되고, 그러다
보면 이전에 설치한 구조물과 새로 설치하는 구조물이
부딪히는 일도 생기게 된다. 바다 밑바닥에는 인터넷과 전력
공급을 위한 해저 케이블들이 얼기설기 깔려 있는데, 해도에
그 위치가 표시돼 있다. 그걸 못 보고 뭔가를 설치했다가는
해저 케이블이 끊기는 사고가 날 수도 있다. 어민들은 어업에
방해가 된다고 해상 풍력 터빈의 설치를 반대하고 있다.
이제 바다에서도 구조물의 밀도가 점점 높아져 가고 있고,
도시에서 탁 트인 하늘을 보기가 어려워졌듯이, 아무것도
없이 탁 트인 바다를 보는 것도 점점 힘들어져 가고 있다.
바다도 점점 초조한 곳이 돼 간다.

경상남도 통영시, 2022

작은 어촌 울산의 풍경이 변하기 시작한 최초의 지점은 1962년 제1차 경제개발5개년계획의 일환으로 울산이 특정 공업 지구로 지정된 것이었다. 그러다가 울산의 풍경이 본격적으로 변한 것은 1970년대였다. 모래사장밖에 없던 미포만에 현대중공업의 조선소가 들어서는데, 1974년 현대중공업이 '애틀랜틱 배런'이라고 명명된, 길이 355미터, 폭 51미터, 26만 6천 톤급의 괴물 같은 배를 만들어 내면서 울산의 풍경은 본격적인 공업도시가 된다. 그런 울산에서 배를 만든다고 하지 않고 '짓는다'(building)고 한 것은 괜한 말이 아니었다. 오늘날의 배들은 웬만한 건물보다 크고 복잡하다. 울산의 경관은 일찍부터 괴물스런 기계들의 숭고미를 준비하고 있었다고 할 수 있다. 공공 조각이랍시고 빌딩 앞에 조그만 물건들이 옹색하게 놓여 있는 다른 도시와는 달리, 울산은 강철로 된 다양한 용도의 조각물들이 엄청난 스케일로 도시의 스카이라인을 이루고 있다. 하늘을 뒤덮은 구조물들의 숭고미와 구축미는 때로는 위압적이기도 하고, 때로는 초현실적이기도 하고, 때로는 혼란스럽고 아기자기하기도 하다.

공장 설비이면서 동시에 건축물이기도 한 이런 구조물들은 어떤 스트레스도
이겨 낼 것 같은 강철의 질감과, 여러 가지 공장의 용도와 기능에 맞는
형태들로 인해 다른 곳에서는 볼 수 없는 아름다움으로 빛난다. 배 하나
지으려면 많은 자재들을 운반해야 하고, 요즘 짓는 배들의 길이가 300미터가
넘다 보니 한 대의 크레인으로는 자재들을 다 운반할 수 없게 됐다. 그 결과
여러 대의 크레인들이 하늘을 덮고 있는 조형적 풍경이 만들어졌다. 게다가
크레인의 크기와 색깔, 모양과 구조가 다 다르다 보니까 다양한 리듬감이
넘쳐나는 풍경이 됐다. 배 만드는 사람들이야 현장에서 눈앞의 문제들을
해결하느라 바쁘겠지만 구경하는 입장에서 조선소는 훌륭한 조형미의
전시장이다.

울산시 동구, 2022

'LNG POWERED'라고 쓰인 배가 다 지어져서 진수를 기다리고 있다. LNG를 연료로 쓰는 배라는 뜻이다. 국제해사기구는 환경 위기에 대처하기 위해 새로 지어지는 모든 선박에 대해 환경 규제를 대폭 까다롭게 하고 있는데, 그에 대한 대책 중 하나가 LNG, 암모니아, 메탄올 등의 친환경 연료를 쓰는 것이다. 하루에 수백 톤의 연료를 쓰는 배가 엄청나게 많은 오염 물질을 배출하니까 그에 대한 규제가 시급해졌기 때문이다. 사실 이런 배가 필요한 이유는 바다 자체의 문제라기보다 도시가 초조하기 때문이다. 일단 도시는 밀도가 높다. 많은 사람들이 많은 차를 타고 다니고 많은 빌딩에서 일하면서 엄청난 양의 오염 물질을 배출한다. 오염 물질은 자동차와 빌딩의 보일러에서 나오는 매연에서부터 생활 하수, 공업 폐수 등 다양하다. 그런데 오염 물질이 밀도만 높고 속도가 없으면 아무 문제가 되지 않는다. 치워 버리면 되기 때문이다.

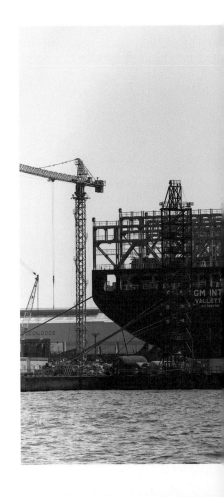

그런데 문제는 오염 물질이 배출되는 속도다. 단위 시간당 얼마나 배출되느냐가 문제인 것이다. 사람이고 기업이고 더 많은 실적을 내고 더 빨리 가기 위해 애쓰다 보니 도시가 초조해진 것이다. 그 와중에 배출되는 오염 물질의 양과 속도는 이미 자연이 스스로 정화할 능력을 넘어섰다. 그래서 환경 위기가 온 것이다. 그런데 대도시에서 쓰는 물건의 상당수는 저런 큰 배에 실려서 수입되거나 수출된 것들이다. 컨테이너선은 유조선이나 벌크선 같은 다른 종류의 화물선에 비해 가장 빠른 화물선이다. 그 안에는 전자제품에서부터 의류, 식품 등 도시에서 바로바로 필요한 것들이 다 실려 있고 그것은 제때에 공급돼야 하기 때문에 빠른 것이다. 그런데 컨테이너선은 점점 커지고 있다. 그것은 도시가 초조해진 결과다. 길이 360미터에 컨테이너를 1만 7천 개를 실을 수 있는 커다란 컨테이너선은 조형적으로는 아름답지만 도시의 초조함과 연동돼 있다는 점에서는 역설적인 조형물이다.

울산시 동구, 2022

조선소에서 해상크레인(flozting crane)이 선체 블록을 들어올리고 있다. 해상크레인의 붐 아래쪽에 'S.W.L-8000T'라고 쓰인 것을 볼 수 있는데 SWL은 'safe working load' 즉 안전하게 들어올릴 수 있는 최대 무게를 말한다. 조선소에는 일명 골리앗 크레인이라고 부르는 대형 갠트리 크레인이 있지만 대개 용량이 1600톤 정도에 지나지 않는다.

그 이상의 무게를 들면 아무리 콘크리트로 된 땅이라 해도 내려앉을 수 있다. 반면 해상크레인은 크레인이 실려 있는 바지(barge)만 크게 만들면 얼마든지 크게 만들 수 있다. 그래서 이 사진에 보듯이 8천 톤을 들 수 있는 해상크레인이 작동하고 있는 것이다. 배를 만드는 데 쓰는 설비들이 거대하다 보니까 저 멀리 뒤에 있는 아파트가 왜소해 보인다.

부산시 영도구, 2023

부산에서 가장 부산다운 곳을 고르라면 영도를 꼽을 수
있을 것이다. 2006년에 개장한 신항만이 부산의 가장 큰
항만이지만 시내에서 멀기도 하고 그 안에서 무슨 일이
벌어지는지 알 수 없는 특별 보안 구역이기 때문에 항구도시
부산의 특징과는 상관없는 곳이다. 영도는 그에 비하면
깡깡이 마을로 대표되는 수리조선소들, 봉래도부두나
청학동부두 같은 작은 항만들을 통해 사람이 접근할 수 있고
느껴 볼 수 있는 항구도시의 냄새가 가장 잘 나는 곳이다.
영도도 최근에 다양한 개발 바람이 불어서 항구도시의 색깔이
조금씩 지워지고 있기는 하지만 그래도 영도에는 영도만의
색깔과 냄새가 있다. 이 사진에 보이는 선구점이나 꼭
'듸'자를 쓴 디젤엔진 전문점들이 가장 영도다운 모습이라고
할 수 있다. 다양한 크기와 모양의 체인과 부표들이
디스플레이된 모습이 흡사 작은 해양 박물관 같은 느낌을
준다.

부산이 항구도시라고 하지만 부산에서 항구가 보이지 않는 곳도 많다. 동래구나 연제구같이 내륙에 있는 곳에서는 당연히 항구가 안 보이며, 항구 가까운 곳에서는 보안 시설이기 때문에 안 보이게 가려 놓아서 보이지 않는다. 그리고 고층 건물들이 점점 많아지기 때문에 항구가 더 보기 힘들어진다. 해운대나 광안리는 북항과 먼 휴양도시라서 항구가 안 보인다. 영도에서는 어디에 있어도 항구가 보인다. 영도 사람들은 항상 항구를 배경으로 생활한다고 해도 과언이 아니다. 항상 항구가 보이기 때문에 항구에 대해 의식하지 않고 무의식 속에 가라앉아 있는지도 모른다.

영도는 중심이라 할 수 있는 봉래산 기슭을 따라 주거지과 각종 시설이 퍼져 있어서 어디를 가도 가파른 골목길이 있다. 그 골목길을 달리는 오토바이 뒤로 신선대부두의 갠트리 크레인이 펼쳐져 있지만 오토바이 라이더는 아슬아슬한 골목길에서 운전을 하느라 그런 경치에 신경 쓸 틈이 없을 것이다.

부산시 영도구, 2023

사진 아래 오른쪽에 보이는 길이 절영로인데 영도의 옛
이름인 절영도에서 딴 이름이다. 영도는 조선시대까지는
절영도(絶影島)라고 불렸는데, 이곳에 나라에서 경영하는
국마장이 있었고, 이곳에서 자란 말은 워낙 빨라서 달리면
그림자(影)가 끊어져(絶) 보이기 때문에 절영도라고 했다고
한다. 과거의 영도는 명마의 산지로 유명해서 신라 성덕왕이
삼국통일을 이룬 김유신의 공을 치하해 절영도산 명마 한
필을 선물했고 후백제의 견훤도 고려 태조 왕건에게 절영도산
명마 한 필을 선물했다고 한다. 지금은 말은 온데간데없고
배들만 묶여 있다.

부산항에 들어갈 배들이 입항 순서를 기다리며 떠 있는
묘박지(錨泊地)야말로 부산다운 모습이다. 바다에 있는
곳인데도 땅 지(地)자를 써서 묘박지라고 하는 점이
재미있다. 인간은 땅을 떠나서 살 수 없는 존재이기 때문인 것
같다. 바다가 넓은 것 같지만 부산항 묘박지는 포화 상태다.
땅에는 건물들이 포화 상태고 바다에는 배들이 포화 상태인
곳이 영도다.

영도 사람들은 응집력이 강하다는 말들을 흔히 한다. 영도
할매가 영도 떠나면 망하게 한다는 전설이 있어서 영도 사람은
영도를 떠나면 안 된다는 믿음도 있다. 해무가 자주 끼기 때문에
응집력이 생긴 것은 아닐까? 앞을 가로막는 안개를 헤치고
살아가려면 뭉치는 수밖에 없을 것이다. 해무가 짙게 낀 바다
위에 떠 있는 배가 마치 구름 위에 떠 있는 것처럼 보인다.

부산시 영도구, 2023

3장

콘크리트에도 격이 있다

삭막하다, 독을 내뿜는다, 환경을 망친다 등등 콘크리트는 욕을 많이 먹는다. 내가 콘크리트였다면 참 억울했을 것이다. 근대세계를 힘겹게 떠받치고 있는데 돌아오는 것은 욕뿐이라니. 이 장에서는 콘크리트의 다른 면모를 보여 주고자 한다. 사람들이 콘크리트를 '삭막하다'고 단죄할 때 거기에는 부인(disavowal)의 태도가 들어 있다. 즉 있는 데 없다고 눈속임으로 부인하는 것이다. 그가 하회마을에 살지 않는 한, 현대인의 하루는 콘크리트에서 시작해서 콘크리트로 끝난다. 그리고 농촌의 풍경도 점점 콘크리트로 된 아파트로 채워지고 있다. 만약 그 콘크리트가 싫다고 아파트의 외벽을 전부 황토벽으로 만들면 구수한 흙냄새가 나고 향토적 서정이 물씬 풍기면서 사람 사는 냄새가 날까? 지방에 있는, 황토벽으로 돼 있고 전체적으로 버섯 모양으로 된, '차와 식사, 생음악'이 있는 카페의 디자인을 생각해 보면 어떤 느낌인지 알게 될 것이다. 아니면 자연스런 느낌을 낸다고 콘크리트 옹벽이나 고가도로 교각 같은 구조물의 표면에 자개나 예쁜 조약돌을 점점이 박아 넣는다면? 어떤 풍경일지 읽는 분의 상상에 맡기겠다. 도시를 만드는 주된 물질이 콘크리트임은 부정할 수 없다. 그렇다면 우리는 콘크리트를 데리고 사는 것에 대해 고민해야 한다. 내쫓을 수 없는 것이다. 삭막한 콘크리트라고 저주하면 우리는 콘크리트가 만든 문명의 붕괴와 함께 묻혀 버리고 말 것이다. 콘크리트는 없앨 수도, 그 표면을 장식하여 속을 가려 버릴 수도 없다. 콘크리트는 엄연히 존재하는 현실이다. 그런데 사람들은 콘크리트를 회피하고 싶어서 그것을 다른 것으로 만들려 한다. 이제는 콘크리트를 직접 만나야 하지 않을까?

　　콘크리트는 대단히 감성적인 물질이자 구조물이다. 콘크리트는 산업사회의 뼈대로서의 아름다움을 가지고 있다. 내가 '삭막미'라고 부르는 아름다움이다. 그것은 콘크리트의 굳건함, 무게감, 부피감, 표면의 질감, 구조에서 오는 아름다움이다. 상당한 시간을 통해 형성되었을 것으로 보이는 칙칙한 얼룩을 묻힌 채 수백 톤의 무게를 버티고 서 있는 콘크리트 교각은 장엄하고 영웅적으로 보이기까지 한다. 그런데 내가 콘크리트의 그런 면모에 대해 사진을 통해 관심을 가지게 된 데는 몇몇 선배들의 영향이 있었다. 물론 학교 선배나 동네 선배는 아니고, 그의 사진을 책에서 보고 영향을 받은 '시각'의 선배이다. 첫 번째 선배는 시바다 도시오(柴田敏雄)이다. 그는 도로변의 경사면을 이루고 있는 콘크리트 구조물들을 많이 찍었는데, 그가 찍은 일본의 콘크리트 구조물들은 형태도 다양할 뿐 아니라, 어떤 경우는 산의 경사면을 따라 기괴한 곡선을 그리고 있으면서 그 위에 그물망의 형태로 표면 처리가 된 것도 있고 어떤 경우는 계단형으로 되어 있으면서 계단 하나하나가 옆으로 쭉 이어진 것이 아니라 높이가 다른 계단과 마구 겹치는 등, 콘크리트 구조물의 다양한 표정과 그 변주를 보여 주어 몹시도 흥미로웠다. 그것은 또한 사진가가 콘크리트라는 자신만의 소재를 찾은 점에서 이채로웠고, 그 해석이 단순히 '콘크리트는 삭막하다'는, 일반인들이 가지고 있는 상투형의 인식이 아니라 사진가의 관점에서 풍부한 느낌을 끄집어내고 있다는 점에서 흥미로웠다.

그다음 내게 큰 영향을 준 사진가는 미야모도 류지(宮本隆司)이다. 사실 그의 관심은 콘크리트 그 자체에 국한되어 있지 않다. 그는 차라리 건축 사진가라고 해야겠는데, 그가 찍는 건축물은 온전한 것이 아니라 한참 공사 중이거나 철거 중이므로 콘크리트가 훤히 드러나 있는 상태로 나타난다. 즉 그는 건축물의 재료로서의 콘크리트라기보다는 건축물이 존재하는 시간적 단계의 일부로서 콘크리트를 다루고 있다. 그래서 그의 사진에서는 시간성이 풍부하다. 건축물이란 어차피 영원불변한 것이 아니라 항상 기후, 재난, 인간의 습관, 파괴, 변형 등 다양한 요인에 의해 변하게 되는데, 미야모도 류지가 찍은 건축물들은 그런 변화의 와중에 있는 것들이다. 그의 사진에서 콘크리트는 그런 시간성을 부여받아 매우 풍부한 느낌을 갖는다. 그와 비슷한 또 하나의 사진가가 있었으니, 베이루트의 전화(戰禍)에 시달린 도시와 건축을 찍은 가브리엘레 바질리코(Gabrielle Basilico)이다. 그가 찍은 베이루트 사진에는 벽에 온통 총알 자국과 포탄 자국으로 폐허가 된 건물들이 가득차 있는데, 바질리코는 그 자국들을 전쟁의 상처로만 보지 않고 건축물을 변화시키는 여러 요인들 중의 하나로 보았다. 물론 초현실적일 정도로 온갖 구멍이 숭숭 뚫린 폐허 건물의 느낌이 장대한 스펙터클을 이루기 때문에 그의 사진에 주목하게 되는 면도 있다.

또 하나의 중요한 레퍼런스는 일본에서 나온 『이상한 건축의 뢴트겐: 욕망의 거대장치』(不思議建築のレントゲン: 欲望の巨大装置, 1998)라는 책이다. 노르망디 해변의 독일군 벙커에서부터 피아트 자동차 공장 옥상에 올라앉은 시험주행용 트랙에 이르는 온갖 기이한 건축물들을 다루고 있는 이 책은 콘크리트의 상상력이 과학, 토목, 산업, 군사, 예술 등 얼마나 다양한 분야와 만날 수 있는지 보여 주는 좋은 자료다.

내가 콘크리트 구조물을 본 관점이 바로 그들에게서 빌려 온 것이다. 내게 콘크리트는 삭막한 것도 아니고 영원불변한 것도 아니며, 끊임없이 변화하며 풍부한 느낌을 분비해 내는, 마치 살아 있는 어떤 존재다. 콘크리트는 무너지지 말아야 하고 휘지 말아야 하며 부식되지 말아야 하고 녹아서도 안 된다. 바로 그게 우리가 콘크리트에 의존하는 측면이다. 우리는 콘크리트에 물리적이고 공학적으로만 의존하는 것이 아니라 심리적이고 실존적으로도 의존하고 있다. 하지만 세월의 때에 찌든 콘크리트는 균열과 얼룩으로 자신의 피로를 표현한다.

서울시 강남구, 2010

콘크리트, 신전이 되다

한국에서 종교를 믿는 사람은 전체 인구의 44퍼센트 정도지만 개인의 사상이나 입장과 관계없이 모든 사람들이 예외 없이 믿는 것이 하나 있으니 그것은 교통의 신이다. 현대의 도시에서 교통은 생명의 흐름이기 때문에 잠시라도 막히면 안 된다. 도시에서 교통은 가장 신성불가침한 존재다. 권위주의 시절만 해도 높은 사람이 지나갈 때 경찰이 먼저 길을 터놓고 다른 차들 일체 못 지나가게 무섭게 막아서면 요란한 깃발을 단 여러 대의 시커먼 리무진들이 지나가던 풍경이 있었지만 21세기에는 그런 일은 더 이상 일어나지 않는다. 교통의 신이 권력의 신을 압도하기 때문이다. 교통이 신이라면 신전이 있을 것이다. 서울에서 교통의 신전은 어렵지 않게 찾아볼 수 있다. 교통이 있는 곳에는 모두 신전이 있기 때문이다. 다양한 형태와 크기, 구성으로 된 교각들이 교통의 신

전이다. 교각들은 실제로 신전 기둥을 닮았다. 이 세상에 다양한 신전들이 있듯이 서울만 해도 다양한 형태의 교통의 신전들이 있다. 어떤 것은 교차로의 디자인에 따라 복잡한 형태를 띠기도 하고, 역사적 맥락에 따라 형태가 정해지기도 한다. 1994년의 성수대교 붕괴 사고의 사진에 잘 나타나지만, 성수대교가 붕괴한 것은 교각이 부실해서가 아니라 상부를 받치는 트러스의 용접 불량 때문이었는데 성수대교를 다시 지으면서 마치 교각에 모든 잘못이 있었다는 듯이 아주 비대한 교각을 만들고 말았다. 옆에 있는 영동대교의 교각은 그에 비하면 젓가락같이 보일 정도다.

콘크리트 기둥이 가장 신전다운 모습을 하고 있는 곳은 원효대교 아래 하수구가 한강과 만나는 지점이다. 영화 「괴물」의 촬영 현장이기도 했던 이곳은 정말로 다양한 표정의 콘크리트 구조물들이 전시된 공간이다. 파리에서는 관광객을 위한 하수도 탐방 코스가 있다고 하는데 서울의 콘크리트 문화 탐방 코스를 짠다면 이곳이 가장 중요한 장소가 될 것이다. 혹시 모르는 노릇이다. 앞으로 수백 년 후에 모든 문명이 정보 중심으로 바뀌어 음식에서부터 건물에 이르는 모든 것들이 추상적인 정보로만 유통되게 되면 이 콘크리트 구조물들은 먼 과거의 유물로 남게 될지도 모른다. 우리가 지금 경주에 가서 신라의 유물을 아름답게 보듯이 지금으로부터 1천 년 후의 인간들은 오늘날의 콘크리트 문명을 아름답다고 할까?

종교가 죽은 시대에 (일단 니체가 1882년에 『즐거운 학문』에서 신은 죽었다고 했으므로 그의 말을 충실히 따르기로 한다) 신전은 오로지 유물로만 남아 있을 뿐이다. 설사 절이나 교회 같은 신을 섬기는 건축물이 있다고 해도 그것들은 세속화된 지 오래다. 현대인에게 종교적 숭고미로 다가오는 건축물은 따로 있다. 그것은 현대의 신전이라 할 만한, 고가도로의 콘크리트 교각이다. 수십 미터 높이의 수직성과, 두껍고 무거운 콘크리트 교각은 충분히 파르테논 신전의 돌기둥이 가지는 장엄함을 능가하고도 남는다. 물론 고가도로의 콘크리트 교각에 스며 있는 이념은 더 이상 초월적인 종교가 아니라 토목과 구조공학, 경제성, 도시계획 같은 물질적이고 현세적인 이념들이다. 사실 그것들은 이념이 아니라 공식이고 진리이다. 그 학설들에 따르지 않으면 도로가 무너지므로 그것은 생명과도 같이 지켜야 하는 것들이다. 그런데 콘크리트는 정말 튼튼한 것일까?

도시계획의 패러다임이 바뀔 때마다 지어졌다 철거되는 고가도로를 보면 콘크리트 구조물이라고 해서 영원불변은 아닌 것 같다. 지어질 때는 이것 없으면 도시가 돌아가지 않고 발전이 가로막힐 듯이 얘기하다가 수십 년이 지나면 그것 때문에 도시 발전이 더뎌지고 방해만 된다는 내러티브가 솔솔 퍼져 철거돼 버리고 마는 모습을 보면 콘크리트는 자신의 물리적인 수명조차도 다 살아 내지 못할 만큼 연약한 팔자를 가지고 있다는 생각이 든다. 그럼에도 불구하고 콘크리트 교각을 오늘날의 신전 기둥에 비유하는 이유는 단순히 수직성과 규모 때문만은 아니다. 파르테논 신전의 기둥들이 세월이 흐르면서 서로 다르게 부식되고 개별화된 역사를 가지듯이, 콘크리트 교각들도 단일한 규격과 원리로 지어졌겠지만, 세월의 흐름 속에 다양한 차이들을 나타낸다. 기둥 전체를 한꺼번에 콘크리트 타설하지 않고 나눠서 했기 때문에 생긴 층의 색깔의 차이, 세월을 거치면서 빗물이 흐르면서 생겨난 얼룩 자국, 부분적으로 땜질을 한 페인트칠 등, 콘크리트 교각은 여러 가지 디테일을 갖추고 있다. 유럽의 대성당에서 스테인드글라스를 통해 들어오는 빛이 종교적 구원의 상징이 되듯이, 콘크리트 교각을 옆에서 비추는 늦은 오후의 빛은 삭막한 콘크리트 덩어리들의 모든 디테일과 그것들이 이루고 있는 리듬감에 생명을 부여한다. 오늘날 콘크리트 교각은 교통과 발전이라는 종교를 믿는 도시인을 위한 신전 기둥이다.

서울시 강남구, 2010

원효대교 밑의 하수구 천정은
생김새가 파르테논 신전의 천정을
연상시킨다. 재질이나 역사적 기원과
건축 양식은 달라도 파르테논 신전과
원효대교 밑 하수구는 인간들의
간절한 소망의 산물이라는 점에서
공통점을 갖는다. 섬기는 신이 다를
뿐, 무언가를 바라는 경건함은 비슷한
것 같다. 원효대교 밑 하수구는 비가
많이 올 때 서울시가 물에 잠기지
않도록 해 주는 중요한 역할을
한다. 지금이야 물이 거의 흐르지
않지만 장마철에 폭우가 오면 저
공간은 서울시 내에서 빠른 속도로
흘러내리는 흙탕물로 가득 찰 것이다.
그때 믿을 것은 저 기둥들이 버텨
주는 것뿐이다. 그러면 한강사업본부
치수과의 주무관들은 기도하는
심정으로 기둥에다 대고 빌 것이다.
사람은 예나 지금이나 종교적 존재인
것 같다.

서울시 용산구, 2009

콘크리트의 비중은 2.3으로 비중이 2.7인 알루미늄보다
가볍다(철의 비중은 7.8). 같은 부피로 비교했을 때
콘크리트가 알루미늄보다 가벼운 것이다. 그런데 우리의
선입견 속에 콘크리트는 무겁고 알루미늄은 가볍다는 생각이
든다. 그 이유는 알루미늄은 다른 금속들과 마찬가지로
연성(ductility)과 전성(maelability)이 커서 얇고 가느다란
물건을 만들 수 있는데 비해 콘크리트는 그런 성질이
거의 없어서 크고 두꺼운 형태만 만들 수 있기 때문이다.
연성은 탄성한계를 넘도록 당겨도 파괴되지 않고 가늘고
길게 늘어나는 성질이며 전성은 두드렸을 때 얇게 펴지는
성질이다. 그 결과 콘크리트로 된 건축물이나 교각은 두껍고
무식한 형태를 띠게 된다. 교각을 알루미늄으로 만들면 훨씬
가늘고 다양한 형태로 만들 수 있지만 값이 비싸기 때문에
알루미늄으로 다리를 만드는 일은 없다. 강변북로를 떠받치고
있는 콘크리트 교각은 무식하게 생기기는 했지만 수많은
차들이 오가며 가하는 동하중(動荷重)을 꿋꿋이 버티고 있다.
이 사진들은 콘크리트 교각들이 교통을 가능케 하는 말 없는
기념비임을 보여 주고 있다.

서울시 용산구, 2007

강변북로는 살아 있는 생물처럼 꿈틀거리는 리듬의 변주를
보여 준다. 사실 이곳은 한강시민공원 산책로가 있어서 많은
시민들이 걷고 운동하는 곳이다. 그러나 그들에게 머리 위를
받치고 있는 콘크리트 구조물은 '의미 없음'의 영역이다.
빈 서판(tabula rasa) 같은 것이다. 그러나 비평가의 눈에
띈 콘크리트 교각은 의미가 충만할 뿐 아니라 감각이
충만한 대상이다. 차에서 보는 강변북로는 백화점으로 치면
진열장이다. 도시가 보여 주고 싶은 외면인 것이다. 도로는
미끈하게 닦여 있고 강과 아파트와 빌딩과 멀리 보이는
산들은 적절한 스카이라인의 조화를 이루며 훌륭한 도시적
스펙터클을 이룬다. 그 아랫면에는 그런 스펙터클을 가능케
해 주는 장치인 교각들이 있다. 겉으로는 매끈한 기계도
내면에 있는 작동부는 시끄럽고 지저분하듯이, 강변북로의
아래쪽은 햇빛이 들지 않아 음산하고, 잡초들이 잔뜩 나
있어서 마치 살인 사건의 현장 같은 느낌이 들며, 무엇보다도
도시의 겉면이 감추고 있는 밑면을 들여다본다는 야릇한
쾌감을 준다.

그곳은 마치 이 세계가 아닌 것 같은 느낌이 든다. 시민
공원으로 꾸며져 있기는 하지만 그곳은 도시의 자투리이며
주변부이다. 강변북로의 콘크리트 구조물들은 그런
주변부와 중심부로서의 자동차 도로를 이어 주면서 동시에
단절하는 효과를 가지고 있다. 그런 연결과 단절의 효과는
도로상에서는 보이지 않는다. 도로에서는 그 아래를 볼 수
없기 때문이다. 그리고 도로상에서 갑자기 아래로 내려갈
수는 없다. 같은 장소의 위와 아래인데 강변북로의 도로
면과 하부는 완전히 단절된 세계인 것이다. 강변북로의
중간중간에 한강시민공원으로 빠지는 램프가 있기는 하지만,
한강시민공원은 또 시내 공간과는 어느 정도 단절된 곳이기
때문에 강변도로는 일반인들이 살아가는 도시의 기능
공간과는 단절된 곳이다.

사실 이 콘크리트 구조물들은 소통과 연결이라는 단순한 기능만을 가지고 있다. 거주를 한다든가(집), 에너지를 생산한다든가(발전소), 일과 소비를 가능케 한다든가(상가), 상징성을 가진다든가(문화재나 기념물) 등의 기능을 가지지 않은, 극도로 단순한 사물이다. 그리고 도로는 어떤 경우에도 주역은 아니다. 어디에 가기 위한 수단이지 도로 자체를 즐기기 위해 있는 것은 아니다. 그것은 철도역이나 공항이나, 심지어는 컴퓨터의 USB 터미널과 비슷한 것이다. 즉 그 자체가 목적이 아니라 다른 곳으로 가기 위한 연결, 잠시 머무름의 기능만 가진다. 강변북로의 콘크리트 구조물들은 흐름을 떠받치고 있으면서 자신은 흐르거나 흔들리면 안 된다는 역설적인 운명을 감내하고 있다. 그 구조는 때로는 유연하고 때로는 변화무쌍하여, 보는 이로 하여금 구조와 기능과 감각이 어우러진 복합적인 체험을 하도록 한다. 강변북로의 하부는 도시를 이루고 있는 구조물의 리듬감을 아주 잘 보여 주는 기념비라고 할 수 있다.

서울시 마포구, 2007

가양대교 램프의 곡선은 콘크리트로 만든 것이라고 하기에는
너무나 부드럽고 아름답다. 삭막한 콘크리트라고 단정 짓기
전에 눈을 여기저기 돌려보면 아름다운 콘크리트 구조물을
많이 찾아볼 수 있다. 토목공사를 할 때 신경을 많이 쓰는
부분이 '미관'이기 때문이다. 토목공사는 교량이나 도로,
댐 등 거대한 구조물을 만드는 일인데 그런 것들이 흉물이
되면 많은 사람들이 괴로워하기 때문에 미관에 신경을 쓰는
것이다. 오늘날에는 미관에 한층 더해 '랜드마크'를 신경
쓰고 있다. 토목 구조물이 경관을 지배하는 주인공으로 우뚝
서기를 바라는 것이다. 제일 좋은 것은 우뚝 나서기보다는
조용히 주위 환경과 잘 어울리는 것 같다. 그러면 도시도 덜
초조해지지 않을까.

서울시 강서구, 2007

인천대교 건설 현장을 가 볼 수 있었던 것은 행운이었다. 완공되어 굳어지면 늙는 것밖에 남지 않은 중고 물건이 아닌, 이제 생성되어 성장하고 있는 싱싱한 어린애 같은 상태의 구조물을 볼 수 있었기 때문이다. 이 장면은 대규모의 교량을 건설하는 과정을 정말로 생생하게 보여 준다. 바다 한가운데 떠 있는 기념비 같은 교각을 세우고 나서, 아파트 공사 현장에서 쓰는 것과 같은 타워크레인을 세운다. 그 타워크레인으로 교각 상부에 또 다른 크레인을 올린다. 육지의 공장에서 미리 만들어 놓은 콘크리트 블록들을 바지선으로 실어 와서 그 크레인으로 끌어올려 교각 상부에 얹히는 것이다. 그러고 궤도 위에 설치된 크레인을 조금 앞으로 밀어낸 후 또 다른 콘크리트 블록을 들어 올려 상판을 이으면 교각과 교각 사이를 연결하는 다리가 되는 것이다. 왼쪽에 H자로 보이는 구조물이 높이 270미터의 주탑 아랫부분이다. 이렇게 다리를 건설하는 장면은 바람과 파도와 싸우는 험하고 위험하지만 활기찬 생성의 현장이다.

사물들이 살아서 다른 사물들과 연결되고, 또 다른 사물로 변신하고, 결국은 공사를 위해 설치한 비계나 임시 엘리베이터 등의 허물을 벗어 버리면 다리라는 궁극의 사물로 일대 변신을 하는, 극적인 전환의 현장인 것이다. 공사를 위해 노출돼 있는 크레인, 엘리베이터, 비계 등의 구조물은 일반인의 관점에서 보면 거추장스럽고 가려야 할 것처럼 보이겠지만, 사물의 생생한 생성을 보여 주는 매우 소중한 생명체 같은 것들이다. 그 후로 주탑이 완성되고, 주탑 내부에 있는 임시 엘리베이터도 철거되고 상판이 다 얹힌 개통 직전의 인천대교 현장을 또 가 볼 일이 있었지만 이제 생성의 과정은 다 끝나고, 그저 로마 유적같이 콘크리트 덩어리만 덩그렇게 남은 인천대교에는 아무런 관찰의 재미가 없었다. 개통되면 그때부터 인천대교는 남은 수명을 살아가는 중고품이 된다. 매장을 나서는 순간 모든 새 차가 중고차가 되듯이 말이다. 물론 그때부터 인천대교는 대중을 위한 스펙터클이라는 새로운 삶을 살아간다.

인천시 중구, 2007

다른 한강 다리들에 비해 엄청난 양감을 가진 성수대교의
교각에는 뼈 아픈 내력이 있다. 그것은 붕괴의 트라우마다.
1994년 10월에 일어난 성수대교 붕괴는 철제로 된 트러스
구조물이 원천적으로 부실하게 용접, 제작되었고, 준공 이후
설계하중을 초과하는 과부하가 계속 걸렸으며, 취약한 접합
부위를 방치하는 등 관리 부실이 복합적으로 작용해 일어난
참사로 밝혀졌다. 가장 큰 원인은 용접부의 상태가 부실한
것이었다. 그리고 붕괴된 부분은 상판이지 교각과는 아무
상관이 없었다. 붕괴 당시의 사진을 보면 오로지 상판만
내려앉은 것을 볼 수 있다.

그럼에도 불구하고 다시 건설한 성수대교의 교각이 그렇게
비대해진 것은 절대로 무너져서는 안 된다는 의지의 표현,
혹은 사고의 트라우마에 철저히 대비하기 위해서인 것 같다.
무너진 성수대교가 하늘색이었는데 트라우마를 안고 새로
지은 성수대교는 붉은색으로 칠했다. 무너진 성수대교의
설계하중이 32.4톤, 새로 지은 성수대교의 설계하중이
43.2톤인데 현재 성수대교의 뚱뚱한 교각은 그런 수치
이상의 차이를 보여 주는 것 같다. 교량이라는 토목 구조물이
심리적인 표현까지 하고 있다는 것은 흥미로운 일이다.

전라남도 광양에 있는 이순신대교의 앵커리지다. 앵커리지란
배의 닻을 내리는 곳, 혹은 케이블 끝을 고정해 주는 곳,
그리고 알래스카주의 도시 이름이기도 하다. 이 사진 속
앵커리지는 현수교의 케이블을 고정해 주는 부위다. 몽골이나
이라크의 전승 기념비를 닮은 콘크리트 구조물 속에 현수교의
케이블 끝이 고정돼 있다. 현수교(懸垂橋)란 높다란 주탑
사이에 주 케이블을 걸고 주 케이블에서 다시 수직 케이블
여러 개를 늘어트린 뒤 거기에 다리의 상판을 매달아 놓은
형태의 다리를 말한다.

상판과 주 케이블의 무게는 엄청나고, 그 위를 트럭, 버스
등 온갖 무거운 차들이 고속으로 달리기 때문에 케이블은
아주 단단히 고정되어야 한다. 그래서 수만 톤은 돼 보이는
콘크리트로 된 앵커리지 속에 케이블 끝을 묶어 두는 것이다.
현수교의 앵커리지는 현대 토목공학의 기념비라고 할 수
있다.

전라남도 광양시, 2011

콘크리트가 실루엣으로만 남으니 양감이고 비중이고 강도고 다 없어지고 오로지 윤곽선만 남았다. 한강을 가로지르는 교량도, 강남의 아파트도 다 무게가 대단한 것들이다. 전자는 물리적 무게가, 후자는 금전적 무게가 대단하다. 그것들을 어떻게 표상해야 할까 고민하다가 무게를 줄이려면 부피를 줄여야 하고, 부피를 줄이려면 평면화하면 된다는 생각에 이르렀다. 그래서 사진 찍을 때 노출을 어둡게 해서 교량은 검은 실루엣으로, 아파트는 희뿌연 실루엣만 남도록 했다. 그러자 콘크리트로 된 사물들은 실체를 잃고 유령 같은 이미지만 남게 됐다.

서울시 광진구, 2020

콘크리트, 자연이 되다

흔히 콘크리트는 자연과 대립하는 인공물이라고 생각하기 쉽다. 삭막하고 딱딱한 콘크리트 구조물은 어느 모로 봐도 자연물과는 아무 상관이 없어 보인다. 하지만 시간이 흐르면 자연이 인공이 되고 인공이 자연이 된다. 방파제에 쌓아 두는 테트라포드는 파도를 이기라고 놔둔 것이지만 시간은 테트라포드의 편이 아니다. 시간은 파도의 편이다. 파도에게는 무한대의 시간이 있고 테트라포드에게는 수명이라는 한정된 시간만 있을 뿐이다. 테트라포드는 파도의 시간과 힘을 당할 수 없는 것이다. 자연은 인공물의 적이었다. 그런 얘기를 가장 확실하게 들은 것은 『휠클링엔: 산업의 자연사』라는 책을 만들기 위해 방문한 독일 휠클링엔의 옛 제철소에서였다. 폐쇄되고 난 후 이제는 유네스코 문화유산으로 지정되어 일반에게 개방된 이 제철소에서 나무와 풀은 마구 자라 뿌리가 파고들어 콘크리트를 갈라놓았고 습기를 머금어서 철을 부식시켰다. 그 책에 썼던 글 일부를 발췌해 보자.

> 휠클링엔 제철소의 보존 관리 책임자인 페터 바케스는 "산업 유산에게 자연은 적이다"라고 잘라 말했다. 자연이 적이라는 말은 생전 처음 듣는 것이기에 당혹스럽기까지 했다. 우리는 자연이라면 사람 손에 훼손되고 파괴되어 보호해야 할 대상으로 생각했는데 적이라니. 결국 이래저래 자연과 문명은 공존할 수 없는 것인가. 아니면 근대화 이후 인간에게 일방적으로 착취당하고 파괴당한 자연이 이제는 인간에게 앙갚음을 하는 것인가? 그래서 이 책의 주제를 '산업의 자연사'라고 잡았다. 즉 산업이 자연의 역사로 되돌아간다는 말이다. 자연의 생명력은 기계의 생명을 죽이고 있었다. 이쯤 되면 자연이니 생명이니 하는 개념은 우리가 알던 그런 것이 아니다. 그것은 여러 가지 역사와 개념들이 뒤엉킨 복잡한 것이다.
>
> 그러나 자연에 의한 콘크리트의 부식과 갈라짐을 파괴라고만 볼 수는 없다. 어차피 다 자연에서 왔는데 자연이 그것을 다시 되가져가는 거라고 봐야 할 것이다.

콘크리트를 이루는 시멘트의 원료는 석회석, 철근의 원료는 철광석이고 나머지 자갈과 모래는 자연에서 직접 온 것이니 되가져가는 것일 뿐이다. 그런데 자연의 일부를 소유해야 직성이 풀리는 인간들은 자연이 콘크리트를 파괴했다고 본다. 만약 파괴라는 말이 싫다면 자연과 콘크리트의 상호 협력 혹은 대화라고 보면 안 될까? 자연은 느리게 반응하는 것 같지만 깊이 작용한다. 콘크리트라고 해서 그 작용을 피할 수는 없다.

자연만큼 오래되지는 않았지만 콘크리트 속에 깊이 침투해 있는 것이 시간의 흐름이다. 알게 모르게 대한민국 여기저기에 일제 때 지어진 콘크리트 유물들이 많다. 그것들은 전쟁용에서부터 산업용, 농업용까지 용도도 다양하다. 오래돼서 갈라지고 색이 변한 콘크리트를 보면 자연과 역사는 같이 협력하여 콘크리트를 자기 것으로 만들고 있는 것이 아닌가 하는 생각이 든다. '콘크리트, 자연이 되다'라는 제목은 '콘크리트, 역사가 되다'로 고쳐 써야 할지도 모른다. 그럼에도 '콘크리트, 자연이 되다'라는 제목을 그대로 두는 이유는 역사도 결국은 자연이 자신을 실현하는 과정의 일부이기 때문이다.

시멘트와 물, 모래, 자갈과 철근을 넣어 만든 콘크리트는 영원히 변하지 않을 것처럼 보인다. 인간이 만든 것치고 영원한 것이 없는데 콘크리트라고 영원할까. 콘크리트도 세월이 흐르면 부식되고 풍화되어 자연으로 되돌아간다. 다만, 그 모습을 우리가 살아 있는 동안에 못 볼 뿐이다. 긴 역사의 터울 속에서 콘크리트는 다시 바위가 된다. 세월이 흘러 콘크리트가 자연화되어 바위처럼 된 곳은 많다. 그중에서도 한반도의 서쪽 끝단에 있는 가거도는 콘크리트의 역사에서 중요한 획을 긋는 섬일 것이다. 같은 신안군이지만 연안에 가까이 있어서 센 파도를 덜 받는 흑산도와는 달리, 대양의 파도가 아무런 장애물 없이 직접 때리는 섬이 가거도다. 가거도는 섬 주위의 수심이 깊어 파도를 약화시킬 자연의 구조물이 없는 섬이기도 하다.

바로 그 파도 때문에 가거도에는 길이 448미터, 높이 12미터, 폭 15미터에 공사 기간만 28년에 총공사비 1천 325억 원이 든 어마어마한 방파제가 있다.(가거도 주민이 500여 명이니까 이 돈을 주민들에게 나눠주면 한 사람당 2억 6천만여 원을 받을 수 있다.) 공사 기간이 오래 걸린 이유는 1986년의 태풍 베라, 2000년의 태풍 프라피룬 등 태풍이 올 때마다 방파제가 유실되어 다시 지었기 때문이다. 2011년 태풍 무이파는 한 번에 2천 개가량의 테트라포드를 날려 버렸다. 태풍 곤파스 때 사라져 새로 보강한 테트라포드 184개도 다시 유실됐다. 방파제에 있어야 할 테트라포드는 100미터 떨어진 마을 내 해경 출장소 앞으로 밀려오기도 했다. 파도의 충격을 흡수하기 위해 설치한 태트라포드도 자연의 위력을 견딜 수는 없었는지 금이 가고 부서져 있다.

전라남도 신안군, 2007

자연화된 콘크리트의 대선배는 울릉도에 있다. 울릉도의 테트라포드는 얼마나 오래됐는지 각 면이 닳아서 둥글둥글해졌고 시멘트 성분이 벗겨져 나가서 골재로 넣은 자갈이 훤히 보일 정도로 시달렸다. 요즘의 테트라포드는 철근을 넣어 튼튼하게 만들지만 사진 속의 것은 철근도 안 넣고 시멘트에 자갈만 섞어서 조야하게 만들던 1970년대쯤 만들어진 것 같다. 이 정도면 바닷물의 짠 기운이 콘크리트 안으로 깊숙이 침투해 들어가서 석회, 실리카, 알루미나같이 시멘트를 이루는 성분들을 다 치환해 버렸을 것 같다. 울릉도의 테트라포드는 이 세상에 영원한 것은 없다는 교훈을 가르쳐 준다.

경상북도 울릉군, 2010

파도에 씻겨 완전히 풍화된 테트라포드. 얼마나 파도에
시달렸으면 원래는 통통했을 구조물이 홀쭉해졌고 끝은
뾰족해졌다. 오른쪽의 그나마 덜 상한 것과 비교해 보면
얼마나 풍화됐는지 알 수 있다.

부산시 영도구, 2020

봉화, 청송과 더불어 경북 3대 오지로 불리는 경상북도 영양의 산길을 달리다 보면 깜짝 놀랄 만한 시설이 나타난다. 산 중간에 높다란 콘크리트로 된 유적 같은 것이 나타나는데 그 느낌은 마치 벌판에 우뚝 선 멕시코의 고대 마야 피라미드를 보는 것 같다. 이 놀라운 시설은 영양군 용화리에 있는 구 용화광산 선광장(選鑛場)이다. 일제 때 일본광업주식회사가 건설한 이 광산은 일월산에서 채굴한 광석을 운반하여 금, 은, 동, 아연 등을 생산하던 곳이다.

선광장이란 채굴된 광석에서 필요한 광물을 골라내는 시설이다. 거의 40미터의 높이에 걸쳐 15개 층의 계단식으로 돼 있어서 보는 이를 압도한다. 갈라지고 변색된 콘크리트 속에 80여 년의 세월이 숨어 있다는 사실을 생각해 보면 타임머신을 들여다보는 듯해서 야릇한 흥분마저 느끼게 된다. 그리고 콘크리트라고 다 같은 것이 아니라 역사적 내력을 들려주는 콘크리트도 있다는 사실도 흥미롭다.

전라북도 익산시 만경강과 탑천이 만나는 곳에 일제 때 만들어진 입석배수문이 있다. 1935년에 지어진 이 수문은 일제가 호남평야의 쌀을 수탈하기 위해 체계적으로 물관리를 하기 위해 만든 것으로 보인다. '입석배수문'이라고 검색해 봐도 잘 나오지 않는 걸로 봐서는 아무도 관심을 두지 않는 시설인 것 같다. 그런데 인근 군산시의 하천에 일제 때 지어진 비슷한 시설물들이 좀 있는 것으로 봐서 일제는 물관리에 열심이었던 것 같다. 하지만 입석배수문은 지금은 무성하게 자란 수풀 속에 갈라지고 때가 탄 채 방치돼 있다. 그 덕에 이 구조물은 더 이상 침략의 흔적이라기보다는 자연의 일부처럼 보인다. 갈라지고 변색됐지만 어떤 사물에서 80여 년이라는 세월의 흔적을 보는 것은 묘하게 흥분되는 일이다.

전라북도 익산시, 2014

옹진군 덕적도의 논 한가운데 있는 펌프장은 아무런
내력도 쓰여 있지 않아서 얼마나 오래된 건물인지 알 수는
없으나 산업시설치고는 고색창연한 느낌을 풍기는 것이,
최소 50년은 돼 보인다. 단순히 펌프장이라고 하기에는
길쭉길쭉하게 난 창문과 가느다란 창틀, 칠이 벗겨진
콘크리트의 느낌이 재미있게 생겼다. 물을 끌어올리고 내리는
데 쓰는 파이프들이 건물에서 하천을 향해 나 있는데 이게
무슨 건물의 호흡기나 장기 같은 느낌을 줘서 흥미롭다.
펌프의 모터가 돌아가면 윙 하고 소리도 나고 건물이
부르르 떨릴 것이다. 이쯤 되면 콘크리트란 죽은 물건이
아니라 호흡하며 작동하는 생명체가 아닐까 하는 생각도
든다. 지금은 겉면을 말끔히 단장하여 이 사진 속의 느낌은
사라졌으니 굳이 찾아가 볼 필요는 없다.

인천시 옹진군, 2008

콘크리트, 전쟁이 되다

콘크리트는 전쟁의 필수품 중 하나다. 전쟁은 방어용 벙커 등 다양한 형태의 콘크리트 조형물을 만들어 냈다. 전쟁은 창조의 신이라고 할 수 있을 정도다. 전쟁과 테크놀로지에 대한 책을 몇 권 쓴 폴 비릴리오는 "살아 있으려면 계속 움직여야 한다"고 현대전의 특징을 말하고 있는데, 벙커 안에 앉아 있으라는 것은 무슨 말인가? 죽으라는 뜻이다. 더 이상 갈 곳이 없는 프랑스 노르망디의 바닷가에 있는 벙커를 보면 옥쇄(玉碎)라는 말이 생각난다. 옥쇄란 "명예와 충절을 위해 깨끗이 죽음", 즉 부서져 옥이 된다는 뜻이다. 그러나 전쟁사에서 보면 옥쇄라는 말은 사실은 적에게 포위되고 고립되어 전멸당하거나 자결한 것을 미화하는 데 사용될 뿐이다. 전쟁 영화에서 보듯 벙커는 적의 화력이 집중되는 곳이고, 벙커를 부술 온갖 무기들이 발달해 있기 때문에, 벙커의 두껍고 무거운 콘크리트는 안전을 보장해 주는 보호벽이 아니라 죽음을 부르는 벽이다. 음산한 실눈같이 생긴 총안(銃眼)을 통해 독일군들은 생애 마지막으로 세상 모습을 봤을 것이다. 벙커의 총안에 계단처럼 층이 져 있는 이유는 바깥에서 적탄이 벙커 안으로 튕겨 들어오지 못하게 하기 위한 것이다. 그런데 압구정동 한양아파트의 외벽에도 같은 구조를 한 창이 있다. 아파트도 전쟁용이었던 것이다. 전쟁과 아파트는 친구였던 것이다. 오스트리아 빈에 가면 그런 사실을 확인할 수 있다. 빈의 대공포탑은 전형적인 유럽의 아파트 사이로 엄청난 부피와 시커먼 색깔을 통해 기이한 존재감을 뿜어내고 있다. 대공포탑은 주위의 건물보다 높아서 전쟁이 끝난 지 한참 지난 지금도 시민들의 삶을 지배하고 있는 듯이 보인다. 거리 곳곳에 베토벤과 모차르트의 동상이 서 있고 식당에서는 모차르트의 피아노 협주곡이 나오는 빈에서 그런 모습을 보는 것은 정말로 언캐니한 체험이다. 전쟁은 오래도록 상처를 주는 힘을 가진 것 같다.

한국의 곳곳에도 전쟁 건축물들이 많이 남아 있다. 서울의 길거리 모퉁이에 있는 시가전용 구조물은 이제는 전쟁용인지 아무도 모르는 시설이다. 그것이 다시 쓰일 날이 온다면 섬뜩한 노릇이겠으나 전 세계의 여러 도시들에서 지금도 전쟁이 진행 중인 것을 보면 그런 구조물들이 다시 살아나는 악몽은 언젠가 현실이 될지도 모른다. 이제는 과거의 것이 돼 버린 전쟁 시설 중 대표적인 것이 제주도 서귀포시 대정읍에 있는 알뜨르 비행장이다. 일제가 중국 침략을 위해 만들어 놓은 이 비행장 터의 활주로는 모두 감자밭이 됐고 제로센 전투기들을 숨겨 놨던 격납고만이 19개 남아 있다. 그 모습은 비행장 시설이라기보다는 마추픽추의 유적이나 이스터섬 거석군처럼 기원을 알 수 없는 불가사의한 건축물로 보인다. 지금은 등록문화재로 지정되어 말끔히 치워졌지만 그 전에 격납고들은 농민들이 농기구를 놔두는 창고로 쓰였다. 거창하게 국가가 문화재로 지정하는 것보다 농민들이 자연스럽게 쓰는 것이 침략의 흔적을 지우는 더 좋은 방법인 것 같다.

강남구 압구정동의 한양아파트에는 특이한 시설이 있는데, 전쟁이 날 경우 기관총을 쏠 수 있는 진지가 그것이다. 이 시설의 총안(銃眼)은 북쪽을 향하고 있어서, 북한군이 쳐들어왔을 때 방어용으로 만들어 놓은 것으로 보인다. 최고 시세 54억 원까지 나가는 아파트에 전쟁용 시설이 있다는 사실이 놀랍다. 총안의 경사면이 계단식으로 돼 있는 이유는 바깥에서 날아온 총탄이 진지 안쪽으로 날아드는 깔때기 효과(funneling effect)를 막기 위해서다. 프랑스 페캉에 있는 2차 대전 때의 벙커도 같은 구조로 돼 있다. 아파트가 전쟁 시설이 된 것은 한양아파트에만 국한한 현상은 아니다.

1994년 임시국회에서 이병태 국방부장관이 "수도권 외곽 신도시는 유사시 북한군 남침을 막는 바리케이드 장벽으로 사용될 것"이라고 발언하여 일산 주민들의 분노를 산 적이 있는데, 압구정동 주민들은 과연 기관총좌에 대해 분노하지 않는지 모르겠다. 보도에 따르면 아파트를 전쟁용으로 쓰겠다는 발상은 공식 문서에서도 확인할 수 있다. 1990년 8월 24일 이진삼 육군참모총장과 이상희 토지개발공사(현 LH) 사장이 함께 작성한「일산신도시 진지화 개념 설계 지침」합의각서에는 '신도시 내 서북방 지역에 수로와 전투진지 구축', '시가지 내 남북 횡적 도로는 좁게, 동서 종적 도로는 넓게 개설', '시가전 상황을 고려해 주요 지점에 가각진지 등 전투시설물과 대공화기 진지 구축' 등 북한군 침략을 대비해 일산신도시의 아파트를 배열한다는 내용이 담겼다.

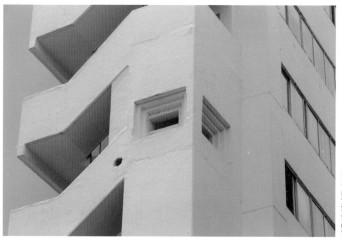

서울시 강남구, 2021

프랑스 페캉, 2008

잠실주공아파트 5단지 옥상에 있는 물탱크가 군사시설처럼 보이는 것은 우연이었을까? 군데군데 페인트를 칠한 자국은 마치 군사 시설물에 칠한 위장용 얼룩무늬처럼 보이며, 창문이 작아서 벙커같이 보인다. 그 작은 창문에서 나온 전선 다발은 이토 준지 만화에 나오는 괴물의 입에서 토해져 나오는 괴기스런 물질처럼 보여서 한층 아파트의 분위기를 기이하게 만들어 주고 있다.

그렇다고 이 아파트를 마냥 얕봐서는 안 된다. 지금은 재개발 상황이 지지부진하지만 이 아파트는 입지가 워낙 좋아 재개발만 이루어지면 초대박이 날 것이라고 한다. 그렇게 되면 이 사진에서 보이는 모습은 온데간데없이 사라지고 발음하기 어려운 외국어로 된 세련된 아파트 단지가 들어서게 될 것이다.

서울시 송파구, 2009

음악의 도시 빈에는 관광객들은 전혀 상상조차 할 수 없는 괴물들이 있다. 그것은 2차 대전 때 빈을 점령한 독일군이 연합군의 공습에 맞서 대공포를 설치해 놓은 콘크리트 탑들이다. 전형적인 유럽의 아파트 사이로 엄청난 부피와 시커먼 색깔을 드러내고 있는 대공포탑을 발견했을 때 기이하고 숨이 막히는 아찔한 느낌이었다. 평범한 건물들 사이의 대공포탑의 존재는 정말로 언캐니한 것이었다. 정체를 알 수 없는 어떤 것이 내 앞에 떡 버티고 서 있을 때의 막막한 느낌이었다. 그런 막막한 느낌을 살리기 위해 이 사진은 줌으로 조금 당겨서 찍었다. 대공포탑은 주위의 건물보다 높아서 마치 지배하고 있는 듯이 보이고, 다양한 표정을 가진 아파트와는 달리 아무런 표정 없는 흉측한 콘크리트 표면이 살풍경하게 드러난 모습이 정말로 끔찍하기만 하다. 더군다나 거리 곳곳에 베토벤 동상이 서 있고 식당에서는 모차르트의 피아노 협주곡이 나오는 도시에서 말이다. 전쟁은 그런 도시를 깔아뭉개며 아직도 그 상처를 당당히 드러내고 있었다.

빈의 주민들은 도대체 이런 기이한 물건의 현존을 어떻게 처리하며 살고 있나 궁금해서 지나가는 사람들에게 물어보았다. 이런 끔찍한 탑의 존재에 대해 어떻게 생각하느냐고. 30대 정도 돼 보이는 어떤 아저씨는 태어났을 때부터 쭉 탑이 그 자리에 있었기 때문에 그리 특별하게 생각하지 않는다고 했다. 탑을 처음 보았을 때 숨이 턱 막혔던 나와는 달리, 탑 주변에 사는 주민들에게 탑은 그저 오래전부터 있던 언덕이나 제방처럼 당연한 구조물이었다. 저 탑의 위에 대공포가 얹혀 있고 공습이 있을 때마다 거기서 요란한 포사격이 있었을 거라고 상상하면 더 끔찍했지만 그런 트라우마는 이제는 세월의 흐름 속에 씻겨 사라진 것 같다. 대공포탑은 빈 시민들에게 철저히 내면화되어 있었던 것이다.

마치 아무런 역사적 맥락도 없는 즉물적인 물건같이 보이는 콘크리트 덩어리와 역사성의 결합이 너무도 기이하고 신기해서 나는 탑 주위를 몇 시간이고 뺑뺑 돌며 여러 각도에서 사진을 찍고 사람들을 인터뷰해 보았다. 그래도 대공포탑은 나에게는 익숙해지지 않았다. 내가 빈에서 몇 년을 산다 해도 그 탑을 처음 보았을 때 받은 '최초의 충격'은 사라지지 않을 것 같다. 현재 이 탑들은 여러 용도로 개조되어 쓰이고 있는데 이 사진 속의 탑은 아무 용도가 없지만 현대 미술관으로 된 것도 있고, 수족관이 된 것도 있고, 외벽에 인공 암벽을 설치한 것도 있다. 베를린의 대공포탑은 디스코텍으로 바뀐 곳도 있고 호텔로 된 곳도 있다고 한다. 내가 보기에 이 모든 노력들은 탑을 버리기 아깝거나 보존하고 싶어서가 아니라 무시무시하게 생긴 대공포탑이 상기시키는 공습의 트라우마가 너무 끔찍해서 그것을 지워 버리려는 시도가 아닌가 싶다. 말하자면 트라우마의 존재 자체를 인정하지 않는 부인(disavowal)의 제스처가 아닌가 싶은 것이다.

오스트리아 빈, 2007

서울 곳곳에는 이제는 사람들이 전쟁을 위한 시설인지 거의 모르는 콘크리트 구조물들이 남아 있다. 얼핏 보면 꽃 심는 화단같이 보이는 이 구조물은 시가전 때 숨어서 총 쏘라고 만들어 놓은 것이다. 언제 북한이 남한을 불바다로 만들지 모를 팽팽한 위기감이 가득 차 있던 1980년대에 성인이 된 나는 이 구조물들이 설치된 맥락과 사회적 분위기를 잘 알고 있다. 그때 종로 2가의 어느 빌딩 계단에는 '2층 이상에서 길거리를 내려다보며 그림으로 묘사하거나 사진 찍지 말 것'이라고 쓰여 있었다. 청와대 부근 동십자각 주위의 화랑 건물들은 2층 이상의 창문을 다 가려야 했다. 서울의 모든 길거리와 건물들은 전쟁용이었던 것이다.

밤마다 한강 다리들에 바리케이드를 설치해서 통행을
통제했고 서울 외곽의 도로들에서는 헌병 검문소가 있어서
허리에 권총을 찬 시커먼 헌병이 시외버스에 올라타서는
"참시 검문 있켔습니다!"하고 시민들을 겁주던 시절이었다.
지금도 전쟁의 위협은 사라지지 않았지만 이런 식의 전쟁
분위기와 시설들은 다 사라졌다. 이름을 알 수 없는 이 사진
속의 시설물만이 구시대의 유물처럼 서울의 길거리 모퉁이에
우두커니 서 있을 뿐이다. 누군가 올려놓고 간 스타벅스
커피컵이 지금은 21세기임을 말해 주고 있다.

서울시 용산구, 2023

경기도 연천에 있는 전차 장애물은
굳건하고 빈틈없는 콘크리트로
치밀하게 지어져 있어서 흡사 분단의
기념비같이 보인다.

경기도 연천군, 2019

제주도 대정읍 모슬포 근처에는 일제가 대동아전쟁 때
쓸 전투기를 격납해 두던 알뜨르 비행장의 흔적이 남아
있다. 활주로는 밭이 되어 버려 분간하기 어렵고 격납고만
남아 있는데, 역사란 무엇인지 밭 사이에 참으로 무심하게
서 있을 뿐이다. 제주도민들이 징용되어 이 격납고들을
만들었다고 하는데, 아마 격납고 하나마다 참으로 많은
사연들이 있을 것 같지만 이 콘크리트 덩어리들은 말이
없다. 지금은 등록문화재로 지정된 이 구조물은 제로센
전투기 격납고였다고 한다. 상부에 패인 부분은 전투기의
수직꼬리날개가 통과하기 위한 것으로 보인다. 알뜨르 비행장
자리를 평화공원으로 만든다고 하는데 그러면 지금의 버려진
듯 황량한 분위기는 사라지고 온갖 장식으로 가득 찰 것이며,
요즘 올레길이다 뭐다 해서 참 요란한데, 전쟁 때보다 요즘이
더 시끄러운 것 같다. 과거의 유물은 스스로 말을 하도록
조용히 놔뒀으면 좋겠다.

제주도 서귀포시, 2008

프랑스 북노르망디 지방의 바닷가 마을인 페캉에 가면 대서양을 바라보는 높은 언덕 위에 2차 대전 때 독일군이 구축해 놓은 벙커들이 있다. 이 벙커를 봤을 때 당연히 폴 비릴리오의『벙커 고고학』(Bunker Archaeology)이 떠올랐다. 독일군의 벙커에 대한 기억은 그것을 실제로 보기 훨씬 전에 그 책에 의해 미리 작성되어 있었다. 찬 바닷바람을 맞으며 음산하게 좁다란 아가리를 벌리고 있는 햄버거 모양의 이 건축물을 보면 아이러니가 느껴진다. '이 묵직한 콘크리트 덩어리 안에서 독일군 병사들이 안전하게 있다가 무사히 집에 돌아갔겠구나'가 아니라, '이 안에 있던 독일군 중 살아남은 사람이 거의 없었겠구나' 하는 생각이 드는 것이다.

굳이 역사 기록을 통해 확인하지 않아도, 벙커라는 음산하게 생긴 죽음의 콘크리트를 보면 그런 생각이 들 수밖에 없다. 전쟁 영화를 보면 잘 나타나지만, 벙커는 적의 화력이 집중되는 곳이고, 벙커를 부술 온갖 무기들이 발달해 있기 때문에, 벙커의 두껍고 무거운 콘크리트는 안전을 보장하는 보호벽이 아니라 죽음을 부를 뿐이다. 쭉 째진 실눈을 뜬 듯한 총안을 통해 독일군들은 생애 마지막으로 세상 모습을 봤을 것이다. 이 무서운 건축물에서 그들의 마지막 시선이 느껴지는 듯하다.

프랑스 페캉, 2008

강원도 화천군에 있는 평화의 댐은 사악한 토목 사업의 산물이다. 1986년 대통령 직선제 개헌 요구가 거세지자 전두환 정권은 국민들의 관심을 다른 곳으로 돌리려고 북한의 위협을 명분으로 국민들을 협박하기 위해 희대의 사기극을 벌였다. 북한이 금강산댐을 지어서 200억 톤의 물을 가뒀다가 한꺼번에 방류하여 서울을 물바다로 만들 것이라는 발표였다. 훗날 어떤 쪽으로 봐도 어처구니없는 사기극으로 판명 난 이 금강산댐의 수공 위협을 막는다고 지은 것이 평화의 댐이다. 당시 티브이 뉴스에서는 200억 톤의 물이 한꺼번에 방류되어 63빌딩과 국회의사당 등 서울 대부분이 물에 잠기는 가상 그래픽이 방영되어 국민들에게 공포감을 심어 줬다.

그러나 나중에 밝혀진 바로는 북한의 능력으로는 물을 200억 톤이나 가둘 수 있는 댐을 단시간에 만들 수도 없거니와 설사 200억 톤의 물을 방류한다고 해도 서울의 구조상 도시가 통째로 물에 잠기지도 않는 것으로 드러났다. 이런 사기극을 실현하기 위해 전두환 정권은 국민과 기업을 대상으로 강제 모금을 실시했다. 그렇게 지어진 것이 지금의 평화의 댐이다. 하지만 그런 사실과는 별개로, 댐을 이루는 콘크리트 구조물은 콘크리트 특유의 양감과 질감 등으로 인해 독특한 존재감을 보여 준다. 그것을 콘크리트에서만 볼 수 있는 삭막미라고 불러도 좋을 것 같다.

강원도 화천군, 2004

콘크리트, 빛이 되다

나뭇잎이나 사람의 피부는 빛이 통과하면 영롱하게 빛나지만 콘크리트는 빛을 통과시키지 않는다. 그래서 삭막해 보인다. 그러나 콘크리트의 존재감을 드러내 주는 것은 빛이다. 어떤 빛이 비치냐에 따라 콘크리트는 흉물로도 보이고 문명의 총아로 보이기도 한다. 뿌연 미세먼지 속에서 보는 콘크리트는 문명의 쓰레기로 보인다. 그러다 날이 쨍하고 추워지면서 공기가 맑아지면 콘크리트는 살아난다. 그런데 고가도로건 체육시설이건 사람들이 많이 사용하고 바라보는 구조물의 윗면보다 평소에 눈길을 안 주는 아랫면이 더 풍부한 빛의 조화를 보여 준다는 것은 흥미로운 사실이다. 대개 윗면은 깔끔하게 다듬고 꾸며 놓는데 아랫면은 좀 방치하는 편이다. 그러다 보니 복잡하고 리듬감 있는 형상이 드러난다. 거기에 적절한 빛이 비치면 그 형상은 더욱 입체감을 드러낸다.

　　김수근의 작품인 잠실올림픽주경기장은 콘크리트가 보여 줄 수 있는 리듬감과 비례, 조화의 아름다움을 한껏 뽐낸다. 호(弧) 모양의 우아한 곡선을 가진 기둥들 사이로 들어오는 부드러운 빛은 건축가가 단단한 물질만을 다룬 것이 아니라 빛을 다루고 있음을 보여 준다. 그렇다고 찬란한 햇살만이 콘크리트를 아름답게 만드는 것은 아니다. 원효대교 아래쪽 하수구에 있는 콘크리트 기둥들에 붙어 있는 번호 스티커들은 괴물의 눈처럼 어둠 속에서 빛난다. 바로 여기가 영화「괴물」을 찍은 곳임은 사진을 찍고 나서야 알았다. 하수구 속으로 들어갈수록 어둠은 짙어지는데, 괴물의 눈도 더 빛난다. 지하 철도의 통로를 비추는 인공광도 햇살이 하지 못하는 역할을 한다. 인공광은 터널에 인공물의 캐릭터를 부여한다. 그 빛 때문에 터널은 SF 영화의 공간처럼 보인다. 21세기의 일상 공간은 이미 SF가 됐다. 많은 사람들이 그런 사실을 의식하지 않은 채 일상을 산다는 사실 자체가 SF적인지 모른다.

영화 「괴물」을 찍은 원효대교 아래, 하수구가 한강과 만나는
곳이다. 굳이 영화를 떠올리지 않아도, 이곳에 오면 괴물
생각이 난다. 콘크리트 기둥들 사이로 보이는, 아니, 보이지
않는 까마득한 어둠 저편에 뭐가 있을지 알 수 없기 때문이다.
기능적으로는 저쪽에 서울 시내의 하수도관이 모인 큰
하수도가 있을 것이다. 그렇게 단순하다. 어둠이란 '아무것도
없음'이라는 무의미의 영역이 아니라 '뭔가 알 수 없는 것이
숨어 있을 수도 있음'이라는 의미 충만의 세계다. 그 어둠은
흡사 지옥문처럼, 알 수 없지만 불길한 세계를 펼치고 있다.
시각적으로는 참 멋진데 들어갈 엄두가 나지 않는 곳이다.
누가 공포심을 가지라고 만든 시설은 아니지만, 그것이 이
구조물의 핵심 기능이 아닌가 싶다.

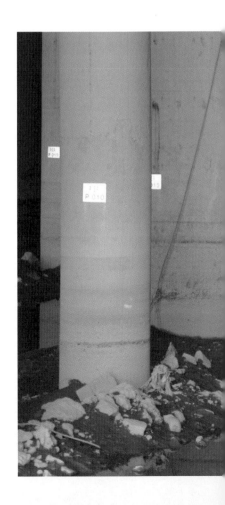

여기서 눈길을 끄는 것은 콘크리트 구조들의 다양한
형태이다. 둥근 기둥은 넓은 하수구의 천장을 받치고 있으며,
넓적한 교각은 강변북로를 받치고 있다. 두 가지 구조물은
한 장소에 있지만 기능과 맥락이 완전히 다르다. 그리고
오수가 흘러나오는 통로는, 아마도 물의 흐름을 조절하고
오니(汚泥)를 가두기 위한 것으로 보이는데, 흥미로운 굴곡을
이루고 있다. 각 기둥의 번호가 쓰인 형광 스티커는 괴물의
눈처럼 어둠 속에 빛나고 있다. 누가 봐도 괴물이 나올 법한
장소인 것이다.

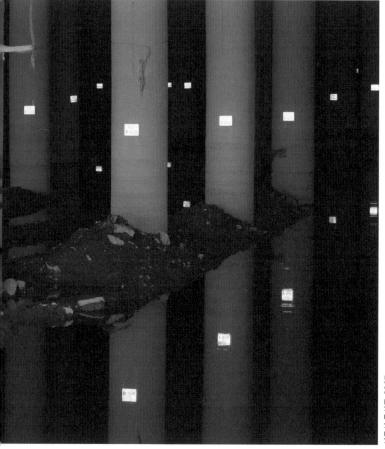

서울시 용산구, 2007

콘크리트로 된 다리의 위쪽은 차들이 달릴 수 있게 도로가 깔려 있고 여러 가지 표지판과 조명등이 설치돼 있는, 누구나 다 아는 공간이다. 거기에는 의외의 요소가 없다. 차들이 고속으로 달리는 데 어떤 것도 방해하면 안 되기 때문에 시야에 방해가 되는 것도 없다. 그러나 다리 아래를 보면 완전히 다른 세계가 펼쳐진다. 거기에는 다리를 떠받치는 구조강도를 위한 구조만 있을 뿐, 어떤 이해를 위한 시설도 없다. 그러나 거기에는 숨겨진 뒷면에서 볼 수 있는 거칠지만 화려한 콘크리트의 세계가 펼쳐져 있다. 형태, 질감, 색채 다 다양하며 굴곡도 다양해서 빛이 비치면 화려한 빛의 춤을 보여 준다. 그 모습을 나만 보기 아까워서 여기에 싣는다.

서울시 성동구, 2007

건축가 김수근의 작품 가운데 잠실올림픽주경기장만큼
콘크리트의 아름다움을 잘 나타내는 건축물은 없을
것이다. 그런데 그 아름다움을 보려면 일반 관중들이 많이
가는 관중석의 위쪽이 아니라 그 아래로 가 봐야 한다.
1976년에 기공하여 1984년에 개장한 이 경기장은 관중석
아래쪽에 매우 풍부한 건축 어휘를 감추고 있다. 사람들은
콘크리트에서 독이 나온다고 싫어하지만 내가 이 구조물을
대하면서 빨아들인 것은 독이 아니라 위대한 건축가가
필생의 역작을 위해 발휘한 혼신의 땀이다. 옛 뉴욕 양키스
구장, 인디애나폴리스 모터스피드웨이, 토론토의 로저스
센터 등 전 세계의 유명한 경기장들을 많이 가 봤지만
잠실올림픽주경기장처럼 아름다운 콘크리트 구조물을 가진
곳은 보지 못했다.

잠실올림픽주경기장은 콘크리트가 보여 줄 수 있는 리듬감과 비례, 조화의 아름다움을 한껏 뽐내고 있다. 높은 쪽에서 낮은 쪽으로 갈수록 호(弧) 모양의 우아한 곡선을 가진 기둥들 사이로 들어오는 부드러운 빛은 물론, 날카롭지 않은 각도로 툭툭 꺾여 있는 계단 아래쪽은 건축가가 보이지 않는 곳까지 얼마나 신경을 썼는지 보여 준다. 바깥에서 흘러드는 빛은 콘크리트 면들을 타고 흐르면서 풍부한 느낌을 만들어 낸다. 40년 가까운 수명은 낡았다기보다는 세월의 무게를 적절히 보여 주고 있다. 그런데 40년 하니까 갑자기 불안한 생각이 드는 것이, 한국에서 건물의 평균 수명이 20년이라는데, 그 수명을 훌쩍 뛰어넘은 이 건물도 어떤 정신 나간 도시계획가나 시장이 나타나서 헐어 버리고 말도 안 되는 건축물을 세운다고 할까 봐 공연히 두렵다. 실제로 잠실올림픽주경기장의 콘크리트들은 갈라진 곳 없이 튼튼하게 서 있지만 관중석의 플라스틱 의자는 낡을 대로 낡았고, 전광판 뒤의 조종실 상단에는 시커먼 먼지들이 수북이 쌓여 있는 것이, 일본만화 「20세기 소년」에 나오는 거대한 괴물같이 보이기 때문이다. 우리는 세월의 때도 존중할 만큼 철이 들었으면 좋겠다.

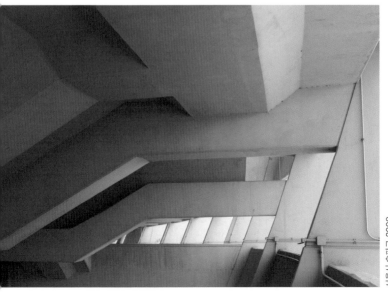

서울시 송파구, 2009

KTX가 다니는 터널은 다른 철도
터널과는 달리 구조가 복잡하고
기둥들의 밀도가 높아서 초현실적인
분위기를 풍긴다. 그 복잡한 구조 속을
비추는 빛도 생전 처음 보는 것이었다.
KTX는 새로운 속도감만 아니라
새로운 빛도 가져다주었다.

경기도 광명시, 2009

신분당선이나 우이신설선같이 새로 생기는 지하철 노선에는
운전자가 없이 앞이 보이는 차량이 투입됐는데, 그러다
보니 이전에는 볼 수 없는 새로운 시야, 새로운 빛을 제공해
주고 있다. 그런 새로움들은 분명히 도시의 성격을 바꾸고
사람들이 도시를 지각하는 방식에 영향을 줄 테지만 사람들은
금세 적응하고 별거 아니라는 듯이 스마트폰만 쳐다보며
지하철을 타고 다닌다. 도시는 사람들이 모르는 구석에서
미지의 시간 동안 스멀스멀 변하고 있는 것 같다.

서울시 강북구, 2020

올림픽대교 밑의 공간은 독특한 빛이 있는 곳이다. 콘크리트
교각에 반사되어 칙칙한 색을 띤 다음 물에 비치면서
칙칙함은 없어지고 영롱해진다. 하지만 사방을 콘크리트가
감싸고 있어서 그 영롱함은 그리 큰 힘을 쓰지 못한다. 오히려
희뿌연 스푸마토의 대기 속으로 사라져 버린다.

서울시 송파구, 2020

이영준

기계비평가, 서울과학기술대학교 융합교양학부 교수.
기계의 메커니즘과 존재감이 가지는 독특한 아름다움에
끌려 기계를 비평하겠다고 나섰지만 사실은 이 세상 모든
이미지에 관심이 많다. 그 결과물로『기계비평: 한 인문학자의
기계문명 산책』(2006),『페가서스 10000마일』(2012),
『조춘만의 중공업』(공저, 2014),『우주 감각: NASA 57년의
이미지들』(2016),『시민을 위한 테크놀로지 가이드』(공저,
2017),『한국 테크노컬처 연대기』(공저, 2017),『퓔클링엔:
산업의 자연사』(공저, 2018) 같은 저서를 썼다. 또한
대우조선에 대한 전시인『기업보고서: 대우 1967–1999』(공동
기획, 2017), 발전소의 구조와 메커니즘에 대한 전시인
『전기우주』(2019), 조선 산업에 대한 전시인『첫 번째
파도』(공동 기획, 2021),『두 번째 파도』(공동 기획, 2022) 등
기계와 산업에 대한 전시들을 만들었다.

초조한 도시, 두 번째
이영준 지음

1판 1쇄 발행 2024년 12월 21일, 워크룸 프레스

편집. 박활성
디자인. 워크룸
제작. 세걸음

발행. 워크룸 프레스
서울시 종로구 자하문로19길 25, 3층
전화. 02-6013-3246
wpress@wkrm.kr
www.workroompress.kr
ISBN 979-11-94232-09-4 03300
값 25,000원

이 책은 2021년 한국문화예술위원회 시각예술창작산실의
지원을 받아 발간되었습니다.

에필로그:
마침내 높이를 이긴 사람들

도봉산 우이암을 오른 이들이 바위 정수리에 밧줄로 몸을 확보하고 핸드폰으로 상대를 찍어 주고 있다. 우이암의 높이가 해발 550미터쯤 되는데 저들은 자신들이 힘들게 올라 등정을 자축한 바위가 기껏해야 롯데타워와 비슷한 높이라는 것을 알고 있을까. 인공물이 산의 높이쯤 우습게 아는 세상이다. 세계에서 제일 높은 빌딩인 부르즈 할리파의 높이가 828미터니까 서울에서 제일 높은 산인 북한산의 높이 836미터에 8미터 모자란다. 두바이 사람들이 북한산의 중요성을 알았더라면 9미터만 더 높게 지어서 북한산을 넘어섰다고 자랑했을 것이다.

하지만 사람이 멋대로 꾸며 낼 수 없는 것이 있으니, 그것은 거대한 힘들이 부딪히며 벌이는 드라마다. 우이암에 난 검은 빗물 자국과 배경에 있는 빌딩들의 수직선이 묘한 대조를 이룬다. 그것은 시각적인 대조일 뿐 아니라 힘들의 대조이기도 하다. 자연은 밑으로 떨어지려는 힘을 가지고 있다. 그래서 빗물은 긴 세월 속절없이 밑으로 흘러내렸고 바위에 자국을 남겼다. 반면 사람은 자꾸 오르고 싶어 하여 나일론으로 된 밧줄과 금속으로 된 확보 장비 등을 개발하여 위로 올랐다. 몸을 써서 꼼지락거리며 오르는 것이 답답한 사람들은 빌딩을 지어 수직의 높이를 한꺼번에 뛰어넘었다. 빌딩들이 하도 많다 보니 옆으로도 팽창하여 도시의 밀도를 이뤘다. 그러나 그 인공의 밀도를 배경으로 고고하게 홀로 서 있는 바위는 주변에 밀도를 허용하지 않는다. 우이암 옆에 또 다른 봉우리나 빌딩이 갑자기 생기지는 않을 테니 말이다. 초조한 도시에서 유일하게 밀도로부터 자유로운 곳이기 때문에 사람들은 산을 오른다.

어차피 내려올 거 왜 산에 올라가냐고 묻는 사람들이 있다. 그런 사람들에게 해 주고 싶은 얘기는 다음과 같다. 이 세상은 단조로운 사이클로 돼 있다. 출근하면 퇴근해야 하고, 먹으면 싸야 하고, 자면 깨야 하고, 입학하면 졸업해야 하고, 태어나면 죽어야 한다. 그렇다고 이 모든 것들이 다 소용없는 것일까? 모든 사이클의 전과 후에는 변화가 일어난다. 출근하면 일을 하고

성과가 쌓이고 경력이 쌓이고 월급을 받고 그걸 모아서 집 사고 차 산다. 물론 그게 다 의미 있는 성취로 이어지지는 않지만 그래도 출근 전과 후에 의미 있는 변화는 있다. 먹기 전에는 배고프지만 먹고 나면 배부르고 영양소가 쌓이고 그걸 토대로 활동을 하고 의미 있는 결과가 나온다. 모든 사람이 다 의미 있게 사는 것은 아니지만 그래도 사람이 태어나서 살다가 죽고 나면 뭔가 의미 있는 결과가 쌓인다.

산에 가는 것도 마찬가지다. 우선 산은 평지와 다른 세계다. 식생이 다르고 공기가 다르고 바위와 흙이 다르고 동물도 다르다. 산에 갔다 오면 심폐기능과 근육이 강해져서 튼튼한 사람이 된다. 등산을 잘못해서 관절이나 근육을 다치는 사람이 있는데 그것도 산이 가져다준 결과다. 이런 식으로, 산에 가는 사이클 전과 후에 사람은 다른 사람으로 태어난다. 그다음, 산을 비롯한 땅과 지리에 대한 지식이 생긴다. 에베레스트는 쿰부 밸리에, 오대산은 강원도 홍천군 명개리에, 마터호른은 체르마트에, 내설악은 강원도 인제군 북면 용대리에 있다는 것을 알게 되고 그 지역의 특색을 알게 된다. 머리로만 아는 게 아니라 막국수도 사 먹고 시외버스 갈아타고 원통의 다방에서 커피도 마셔 보면서 몸으로 알게 된다. 우이암을 오른 사람들은 분명히 오르기 전과 다른 사람이 되어 있을 것이다. 온몸에 근육이 더 붙었을 것이고 바윗길을 읽는 눈이 밝아졌을 것이며 암벽 장비들을 더 잘 쓰게 됐을 것이며 고소공포증이 극복됐을 것이다. 등반을 끝내고 줄에 하강기를 걸고 내려와서 하강기를 만져 보면 줄과의 마찰 때문에 따뜻해져 있다. 이 온도만큼 내가 바위를 오른 것이구나 생각하면 뿌듯해진다. 저들도 그런 뿌듯함을 느꼈을 것이다.

아침에 엘리베이터를 타고 빌딩에 올랐다가 저녁에 엘리베이터를 타고 내려온 사람들도 같은 성취감을 느낄까? 직급에 따라, 그날 한 일에 따라, 직종에 따라 다를 것이다. 같은 일을 했어도 자본가에게는 성취였으나 노동자에게는 착취였을 수도 있다. 그런 관계 속에서 빌딩을 오르내리는 개별 사람들이 모여 거대한 밀도를 이룬다. 도시의 밀도는 과연 빌딩을 수직으로 오르내리면서 무슨 차이들을 만들어 냈을까? 겉으로 보면 자본주의 경제의 성장이고 도시의 발전이지만 한 꺼풀 뒤집어 보면 자본주의의 몰락이고 도시의 황폐화이며 불평등의 심화일 수도 있다. 도시가 초조한 이유는 단지 시간에 쫓겨서만이 아니라 시간을 밀어붙이는 갈등과 압력의 밀도 때문이다. 우이암은 그 모든 것들을 비웃듯 고고히 서 있다. 우이암을 오른 산악인들은 초조한 도시를 초월해 있다. 물론 그들도 하산하면 어느 회사의 직원이고 가족을 부양해야 하는 가장이다. 그러나 아무리 세월이 흘러도 변하지 않을 디지털 사진 속에서 그들은 초조한 도시를 초월한 등반가로 영원히 남을 것이다.